ゆるレポ

卒論・レポートに役立つ

「現代社会」と「メディア・コンテンツ」に
関する **40** の研究

岡本健
松井広志
松本健太郎
編

人文書院

は じ め に

　最初に、皆さんにお伝えしたいのは「論文やレポートを書くのは結構楽しいし、役に立つ」ということです。授業で課されるレポートを、ただただ2000字を埋める苦行だと思っていませんか？　何を隠そう、私自身、大学2年生くらいの時まではそう思っていました。

　大学を卒業する際に書く「卒業論文」はレポートの親玉のようなものです。上のような認識のまま卒論を書くとなると、今度はその苦行が数万字に膨れ上がって大変なことになります。今のうちに「な〜んだ、レポートって楽しかったんだなぁ」となっておけば卒論も楽しく書けるはずです。私も、レポートや論文を書くのが楽しくなってからは「研究」にすっかりはまってしまい、結局仕事にしています。

　この本は、大学に入学したばかりの方や、過去の私のように「先生、レポートを書くのが辛いです…」という方、あるいは「大学のレポートってどんなものなんだろう？」と関心をもってくださる方々に向けたものです。ですから、すでに論文やレポートを書くのが楽しく、十分に良い成績をもらっていたり、評価されていたりする方には本書は初歩的すぎるかもしれません。

　そういう方には、たとえば、木下是雄先生の『レポートの組み立て方』(筑摩書房、1994)、石黒圭先生の『論文・レポートの基本』(日本実業出版社、2012)、戸田山和久先生の『新版 論文の教室』(NHK出版、2012)、藤田真文先生の『メディアの卒論[第2版]』(ミネルヴァ書房、2016) などがおすすめです。他にもレポートや論文の書き方本はたくさん出版されています。では、なぜわざわざ本書を出版するのか、次はこのことを説明しておきましょう。

　本書のタイトルは『ゆるレポ』です。「レポートが嫌い」「レポートは苦手」「テストの方が楽で良い」といった学生に、なぜなのか聞いてみました。すると、さまざまな理由があがったのですが、その中に「自

分の好きなことが書けない」「色々決まりがあって堅苦しい」「どういうのが良いレポートなのかがわからない」といった声がありました。どうも、「書こう」と思う前の段階で止まっている印象だったのです。それはとてももったいない。レポートを書くことは、確かに大変なこともたくさんあるけれど、コツがつかめれば楽しいし、自分の考えを表現する一つのツールとして、とても重宝します。

一方で、多くの学生から「自分の考えをちゃんと人に伝えられるようになりたい」という声も聞きます。現代は「コミュニケーション」の力が問われる時代です。これが具体的にどういう力なのかは色々と議論のあるところですが、単純に、「自分の考えていることを相手に伝える力」「文章に書かれていることや相手の話の内容を正確に読み取る力」としておきましょう。

「論文やレポートを書く」ことは、そうしたコミュニケーションの力を鍛えるのにもってこいです。情報を収集し、それを編集して、受け手にわかるように表現することのトレーニングだからです。この力は、大学で学ぶ「研究」に必要なことであると同時に、大学生活や就職活動、大学卒業後の暮らしにもとても役に立つものです。

本書の目的は、読者の皆さんの「レポート」や「論文」を読んだり書いたりすることに対する苦手意識をなくすことです。その方法として、まず、論文やレポートの基本を7つ提示します。次に、40個のレポートの例をお示しします。「どんなものを書けば良いのか」の参考にしていただけると思います。

40のサンプルは、学部生、大学院生、研究員、大学教員といった様々な立場の執筆者に、それぞれのテーマで書いてもらいました。ただし、これはあくまでサンプルです。皆さんのレポートや論文のはじめの一歩を踏み出すための、きっかけにすぎません。執筆者には主旨を理解してもらったうえで、短い文章の中にひとまとまりの内容を詰め込んでもらいました。

レポートや論文に「完璧なもの」はありません。研究に終わりはなく、常に「次」につながっていきます。そういう意味では、どの研究も不完全で、課題が残されたものになります。ですから、40のサンプルは完璧な「お手本」というよりは、ひとまず目指すべきものであり、

そして、皆さんが超えるべき対象です。まずは、内容をしっかり理解して、それから批判的に読んでみてください。

　また、サンプルには「建設的なディスカッション」と「文献紹介」がついています。そして、各所に「コラム」を配置しました。「建設的ディスカッション」は、他者の研究に対して、コメントをする際の例です。単に褒めたり貶したりするだけではなく、相手の研究を、よりよいものにするためにおこなうのが、ディスカッションです。「文献紹介」と「コラム」も参考にして、皆さん自身で他の書籍や論文に読書の幅を拡げ、方法を学び、研究を進めていってください。研究を通して得られる力は、レポートや卒論のみならず、皆さんの今、そして、今後の様々な場面で応用可能なスキルになります。ゆるく始めて、がっちりした能力を身につけてください。

Lesson ①　レポートは皆さんの「作品」です

　「レポートは苦行ではない」ことは理解していただけたと思います。ここからは、より積極的に、レポートが皆さんの「作品」であることを説明していきます。私は、学生に次のように言います。「皆さんは、ただ言われたことを勉強する存在ではなく、自分が設定した研究テーマを能動的に研究する研究者です。そのテーマについて聞かれたらなんでも答えられる、そういう状態を目指しましょう。」ここからは、読者の皆さんもご自身を「研究者」だと認識してください。

　レポートを「仕方なく書かされるもの」と理解してしまうのは、とてももったいないことです。大学生活ではたくさんのレポートを書くからです。せっかくですから、レポートを書くことを「チャンス」ととらえてはどうでしょう。調べたことや、そこから得られた自分の考えをまとめて、わかりやすく表現する力を伸ばす機会です。

　また、レポートはこれから書く卒業論文の一部分になっており、卒論のトレーニングになっている側面もあります。「卒論の一部になっている」とはどういうことでしょうか。レポートは基本的には授業で出

題される課題に回答するものですが、大学で学ぶ文章の技術「アカデミックライティング」の一種です。ここで重要になるのは、なんらかの事実を調査、分析、考察した結果を読み手に報告することです。

　もしかすると、小学校や中学校で書いた「読書感想文」や大学入試の「小論文」が得意だった人もいるかもしれませんが、いったんこれらで培った力は忘れてください。逆に言うと、これらが苦手だった方も、まったく問題ありませんので安心してください。

　なかには、論文、レポートは堅苦しくて自分の書きたいことが書けないという懸念を持つ人もいますが、結論から言うと、そんなことはありません。むしろ、「構造」や「作法」さえ守れば、内容的にはかなり自由に書けます。論文やレポートは、文章表現の技巧や構造のオリジナリティではなく、内容のオリジナリティで勝負する文章なのです。ただ、気を付ける必要があるのは、「知識確認型レポート」の場合です。これは、授業内で学んだことや、文献の内容をまとめることを目的としたレポートで、どちらかというと、きちんと知識が身についたかを確かめる「テスト」に近いものです。本書で前提としているのはある程度自分でテーマが決められて、それについて何かを調べて報告する「研究レポート」です。

　いずれにしても、文章を書くことは、コミュニケーションの一つです。読んだ人に内容が伝わらない文章では意味がありません。レポートは、あなたが調べたこと、考えたこと、主張したいこと、そうしたものを「読者」に伝えるために、他でもない「あなた」が責任を持って執筆する「作品」であることを忘れないでください。

Lesson ②　「問題文」をよく読む、文章の「構造」を意識する

　授業で課せられるレポートや課題の場合は、「何を問われているのか」を把握することが重要になります。一般的なコミュニケーションでもそうですが、相手が何を求めているのかがわからないと、何を答えていいのかわかりませんよね。

授業によって、教員がレポート課題に求めていることは違います。それをつかむ大きなヒントとなる情報の一つは、授業概要が記された「シラバス」です。「授業の目標」や「学習目標」「到達目標」といった項目をよく読んでみてください。その上で、授業で担当教員の話をよく聞いてみましょう。特に初回の授業は重要です。その教員が重視していることが読み取れるはずです。

　レポートや論文はあなたの「作品」であると同時に、読者に内容を伝えるコミュニケーションの「道具」です。もちろん、論文やレポートのような書き方で全てのコミュニケーションが可能だというわけではありません。小説やエッセイ、ブログ記事など、それぞれの文章の特徴があり、どの文章のレベルが高く、どの文章のレベルが低い、という話ではありません。それぞれの文章は目指している方向が違うのです。

　この「道具」には決まった「構造」があります。論文やレポートなどの大学の授業で課される文章は、できるだけ客観的な記述で、調査の成果を、可能な限り正確に読み手に伝えるためのものです。さて、それでは論文の構造について説明します。論文は、次の6つのパートを持っています。

①目的　②背景　③方法　④結果　⑤考察　⑥まとめ

　以下、それぞれ解説していきます。「目的」は、自分が書く文章で「何を明らかにするのか」を示すセクションです。たとえば、「本論文の目的は、ゾンビ映画の公開本数の推移を明らかにすることである」という形で書きます。

　「背景」は、この論文やレポートが「書かれなければならない理由」です。背景には「社会的背景」と「研究的背景」があります。「社会的背景」は、テーマによっては必要ありませんが、研究テーマにかかわる社会状況を整理する部分です。「研究的背景」では、先行研究を整理し、自分のレポートや論文の位置づけを明確にします。背景は、自分の研究の必要性や重要性、独自性を説明するパートです。

　「方法」は、研究の目的を達成するために使用した方法について、具体的な手続きを書くところです。ここで注意すべき点は、読んだ人が

同じように試してみることができるくらい詳細に書くことです。

「結果」は、方法を実施して得られた成果を記すセクションです。ここは、結果を淡々と書くところで、それに対する書き手の考えは「考察」のところで書きます。

「考察」は、得られた結果に対する「評価」を行う部分です。あくまで「結果」に基づいて考えたことを整理して書きます。

「まとめ」は、以上のことを簡単にふりかえって、この論文、レポートは何を明らかにしたものなのかをまとめます。その上で、この文章でなし得たことは何なのか、そして、今後やる必要がある研究（今後の課題）はどのようなものなのかを示します。自分が書いたものの現在地をはっきりさせる作業です。

一つ注意をしておきたいことがあります。最終的に書かれる順番はこの通りなのですが、書くときはこの順番で書かなくても構いません。書けるところから書いていけば良いですし、書いていく中で、修正する必要が出てきたら後から修正すればよいのです。

Lesson ③ 「事実」とはなにか？　そして、「形」から入ろう！

さて、これで書くべき文章の特徴がわかりました。次に確認しておきたいのは、レポートに必要な要素です。Lesson1で書いた通り、レポートや論文では何らかの「事実」を何らかの方法で調査し、その結果を出して、結果について考察を行う必要があります。

この時の「事実」とはなんでしょうか。それは、現在や過去の社会的な事象や現象、映画やアニメ、マンガ等の作品、あるいは、新聞や雑誌、テレビ、SNS等の様々なメディア上の記述などの、「客観的に観測可能な情報」のことです。

つまり、論文やレポートは、何にも基づかない筆者の「感想」や「想い」を書く文章ではありません。こうした「客観性」とともに大切なのは、論文やレポートの読み手が、筆者と同じ方法で対象に迫ることができる「再現可能性」です。もちろんこれにはある程度の限界はあ

りますが、なるべく詳細に研究の方法を記載するようにしましょう。

「事実」を抽出するためには、様々な「方法」があります。たとえば、『コンテンツツーリズム研究[増補改訂版]』(岡本健[編]、福村出版、2019)では、以下の方法についてそれぞれ説明しています。「史料分析」「メディア分析」「コンテンツ分析」「アクセス解析」「実験的手法」「フィールドワーク」「インタビュー」「参与観察」「書き込み調査」「アンケート調査」「データ分析」「年表作成法」「アクションリサーチ」。これ以外にも様々な方法があります。「方法」は、どの方法が優れていて、どの方法が劣っている、というものではありません。「目的」を達成するのに適していることのほうが重要です。

また、意外に重要なのが「形」から入ることです。なんの話でしょうか。それは、パソコンを起動し、レポートを書くためのファイルを新規作成するということです。「バカにするな」と思われるかもしれませんが、こうした細かいことが案外バカにできないのです。

私も、なかなか書き始められない場合があります。どうも気分が乗らず、締め切り間際になってようやく「書かないと！」と慌てることになります。それでは良い文章は書けません。私の場合、「ひとまずワードファイルを作成する」ことを自分に課します。とにかく早くスタートラインにつきましょう。

この時、ファイル名を工夫します。私は年月日を最初に書いて、その後、文書の内容を書きます。「20210101「現代文化論レポート」」という具合です。ファイル名を見れば「2021年1月1日に「現代文化論」という科目のレポートのためのファイルとして作りましたよ」ということがわかるようにしておきます。まぁ、せっかく作ったのに全く空っぽというのもアレですから、本文にタイトルと自分の所属や学籍番号、氏名ぐらい書きましょうか。「ゾンビ映画の放映数の推移」「近畿大学総合社会学部准教授」「岡本 健」。今日はこれでおしまい。

翌日も、ほんの少し進めてみます。その時、先ほど作ったファイルを上書きしてはいけません。ファイルをコピーして、ファイル名を書き換えます。「20210102「現代文化論レポート」」としましょう。次に本文に書き加えるのは、全体の構造です。「本レポートの目的」「社会的背景」「研究的背景」「方法」「結果」「考察」「まとめ」と、それぞれ改行

して書いておきます。今回はこれで終わりです。次回からは、それぞれのセクションに入る情報を少しずつ書き加えていけば良いですね。

Lesson ④ 「情報」をネットや現実空間で集める

　書くべき文章の正体も判明し、その構造もおさえました。パソコンにはそれを書き込むためのファイルもあります。次にやるべきことは「情報収集」です。

　はじめに、インターネットを使った情報収集の方法をお伝えします。多くの人が持っているスマートフォンはインターネットへの接続端末ですから、それを使ってすぐに文献検索が始められます。たとえば、次のウェブサイトの名前をGoogleやYahoo!で検索してみてください。「CiNii Books（サイニィブックス）」「CiNii Articles（サイニィアーティクルズ）」「国立国会図書館サーチ」「リサーチ・ナビ」「カーリル」。各データベースの使い方はそれぞれのウェブサイトに書かれています。

　情報が得られたら実際の文献を手に入れましょう。ネットからダウンロードできるものと、そうでないものがあります。ネットで見られない文献は、実物がある図書館を見つけて、行ってみましょう。「CiNii Books」や「カーリル」を使えばわかりますし、それでもわからなければ、図書館司書に相談しましょう。大学附属図書館でも公立図書館でも構いません。司書と聞くと、カウンターで貸出処理をしたり、返却された本を棚に並べ直したりする姿を思い浮かべがちですが、実は資料検索のスペシャリストです。

　見つかった文献を読み、さらに情報を集めていきます。文献を読んで得られた新たな用語や、文献の著者名を用いて先ほどのデータベースで検索をすることができます。また、論文や学術書の最後には「参考文献リスト」がついています。このリストに掲載されている文献もまた、あなたに役立つ文献である可能性が高いものです。そして、情報検索は1回だけでなく、何回も実施しましょう。時間が経つと新しい資料が見つかることもありますし、知識が増えてくると検索ワード

もより多く思いつくようになるからです。

　インターネットを用いた検索は非常に有用で、たくさんの情報が手に入ります。しかし、どうしても限界があるのも事実です。というのも、現状の検索機能では、検索者が打ち込む言葉によって、得られる結果が限定されるからです。検索者の頭の中にどのような検索ワードが思いつかれるかによって、必要な情報を得られるかどうかが決まってしまうのです。

　私は、そうした限界を超えて最適な文献にたどり着けるようにするために、次のような方法をとっています。それは、図書館や大型書店といった「本がたくさん並んでいる場所」に行って、興味のあるなしにかかわらず、片っ端から棚を見ながらうろうろするのです。自分で編み出した方法だと思っていたのですが、専門用語でブラウジングというそうです。

　このように様々な方法で文献を検索し、それをしっかり読んでいくと、いくつかの良いことがあります。まずは、芋づる式に読むべき文献が見つかることです。そうすれば、先行研究が見つかり、研究的背景が書きやすくなります。これにより、研究上の「問い」が立てやすくなっていきます。つまり、目的が明確になります。次に、対象に対する知識が得られることです。これによって社会的背景を書きやすくなります。また、分析すべき対象やデータを見つけられる可能性も高くなります。

　最後に文献情報の検索に有用な本を紹介しておきます。『図書館のプロが教える"調べるコツ"』（浅野高史・かながわレファレンス探検隊［著］、柏書房、2006）、『プロ司書の検索術』（入矢玲子［著］、日外アソシエーツ、2020）などが参考になります。

Lesson ⑤　文章の書き方を学び、「目的」と「背景」を書いてみよう

　文はいくつかまとまって一つの段落を形成して、複数の段落によって章や節が形成され、それらが集まってレポートや論文、書籍ができ

あがります。段落の頭は一文字分あけて、そこから段落が始まることを示します。

　一つの段落を成立させるには、3つの内容があると良いと言われています。1つ目はトピックセンテンスです。2つ目はサポーティングセンテンスで、3つ目はコンクルーディングセンテンスです。それぞれ解説していきましょう。

　トピックセンテンスとは、その段落に書いてあることを説明する文のことです。何らかの主張が含まれていることもあります。サポーティングセンテンスとは、トピックセンテンスを補う文です。データや事例を示したり、主張を展開していったりします。コンクルーディングセンテンスとは、その段落をまとめる一文です。結論を述べるとともに、次の段落につながる内容が入ることもあります。

　大学入試の現代文の評論文の読み方のテクニックとして、「段落の最初と最後の文に注目する」というのがありますが、これは、上記の法則を応用したものです。ただ、学術書や論文を何本か読んでみるとすぐにわかりますが、全ての段落がもれなくこういう構造になっているとは限りません。2文目にトピックセンテンスがあったり、最後の文は次の段落へのつなぎになっていたりもしますので柔軟に対応する必要があります。ただ、基本的には「段落ごとに意味を取っていく」ことで、構造を意識して読むことができます。

　さて、それではそろそろ本文を書き始めてみましょうか。ここからは、私が以前に実施したゾンビ映画の本数の推移を調べた研究を例に解説していきたいと思います。ここで言及できるのは一部分ですので、元の研究の詳細を知りたい方は、『ゾンビ学』（岡本健［著］、人文書院、2017）をお読みください。

　私は、「最近ゾンビ映画がたくさんある気がするけれど、ゾンビ映画ってこれまでどれくらいの数作られてきたのだろうか」と疑問に思いました。これを研究の「目的」として書き直すと「本レポートの目的は、ゾンビ映画の放映本数の推移を明らかにすることである」となります。このように、目的はそのレポートや論文で何を明らかにするのか、なるべく具体的に書きます。

　次に、「背景」が必要になります。「社会的背景」としては、先ほど

の「疑問」の前半をもう少し客観的に書けば良さそうです。ここ最近公開されたゾンビ映画のタイトルや、その興行収入、観客動員数などを調べて整理して示したいところです。そして「研究的背景」では、文献検索を実践して、すでに発表された研究成果を整理し、これまでに何が明らかになっているのか、そして、その上に自分は何を付け加えるのかを明確にします。

　ここで、一つはっきりさせておきましょう。それは「先行研究は味方である」ということです。学生の中には「先生、先行研究がありました…」と残念そうにする人がいます。場合によっては「見つけなかったこと」にする人もいます。他の書籍や論文を参考にして自分の論文を書くことは悪いことではなく、むしろ推奨されることです。しかし一方で、「剽窃は絶対ダメだ」とも言われますよね。つまり、まずいのは、研究の参考にすることそのものではなく、参考にしたり記述を引用したりした書籍や論文の情報を「記載しないこと」なのです。参考・引用文献リストにしっかり記載すれば、むしろ評価されます。

Lesson ⑥ 「方法」を用いた「結果」を記述してみる

　Lesson3でも解説した通り、研究の「目的」に合致した「方法」を使う必要があります。使った方法については、なるべく詳しく記述します。方法の記載の仕方は、本書に収録している様々な論考や、私の博士論文を書籍化した『アニメ聖地巡礼の観光社会学』（岡本健[著]、法律文化社、2018）などを参考にしてください。

　私の研究の場合、これまでに公開されたゾンビ映画の数を知りたいので、ゾンビ映画を網羅的に掲載してあるデータベースや事典的な書籍があれば、そこで紹介されたものを数えれば目的が達成できますね。文献検索を実施したところ、『ゾンビ映画大事典』（2003）と『ゾンビ映画大マガジン』（2011）（いずれも伊東美和[編]、洋泉社）が見つかりました。これを探して読んでみたところ、1930年代から2000年代までのゾンビ映画のレビューが掲載された本でした。さらに、英語文献でも

同様の本がないか検索してみたところ、『The Zombie Movie Encyclopedia』(2001) と『The Zombie Movie Encyclopedia, Volume2: 2000-2010』(2012) (ともにPeter Dendle著、McFarland&Co Inc Pub) が見つかりました。

　ここで、目的をより具体的にしておきましょう。「本レポートの目的は、1930年代から2000年代にかけてのゾンビ映画の公開本数の推移を明らかにすることである」。このように、目的は最初にざっくり設定して始めた場合、後で書き直して構いません。完成時に各パートがしっかりつながっていることが重要です。

　次に、「結果」のパートに進みましょう。学生からは「結果と考察の差がわからない」という声をよく耳にします。実際にやってみましょう。方法を用いて明らかになったことをなるべく客観的に、読み手にわかりやすく記載することが大切です。4冊の書籍で紹介されていたゾンビ映画を年毎に数え、それを10年ずつまとめてみました（表1）。また、これを棒グラフにしました（図1）。

	1930年代	40年代	50年代	60年代	70年代	80年代	90年代	2000年代
日本語文献	6	10	13	24	60	135	77	318
英語文献	3	8	11	22	37	77	35	262

表1：ゾンビ映画の公開本数の推移（1930年代〜2000年代）
（岡本健（2017）『ゾンビ学』人文書院、66ページより。筆者作成）

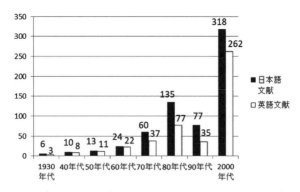

図1：ゾンビ映画の公開本数の推移（1930年代〜2000年代）（筆者作成）

結果を説明する際に、図や表、写真などは便利です。どこかから引用する場合は出典を示すことを忘れないようにして、積極的に使っていきましょう。とはいえ、図や表、写真はあくまで補足資料です。レポートや論文では、図表、写真がなくても、本文を読むだけで内容が伝わるように書きます。

Lesson 7 「考察」して「まとめ」、プレゼンしてみよう

　得られた「結果」をもとにゾンビ映画の公開本数の推移について「考察」してみましょう。結果を見ると、ゾンビ映画の公開本数は30年代から60年代にかけて微増し、70年代、80年代に増加していき、90年代にいったん減少した後、2000年代に急増しています。この傾向は、日本語文献と英語文献で共通ですから、ゾンビ映画の公開本数の推移の傾向であると言えるでしょう。

　このような増減の傾向を示した理由を考えてみたいと思います。これを説明するためには、より広い知識が必要になります。たとえば、ゾンビ映画全体に大きな影響を及ぼしたとされるジョージ・A・ロメロ監督による『ナイト・オブ・ザ・リビングデッド』(1968) および『ゾンビ』(1978) が公開されたことで、それに影響されたゾンビ映画が増えていったことが考えられます。2000年代の急増については日本のゲーム会社CAPCOMが発売した大ヒットゲームシリーズ『バイオハザード』の実写映画が2002年に公開され、人気を博したことが原因であると考えられます。

　「まとめ」のセクションでは、レポート、論文で書いたこと全体をふりかえります。ここで大切なのは、今回のレポートや論文で何をどこまで明らかにしたかを正確に説明することです。そして、研究全体をまとめた後は、「今後の課題」を書きます。これは、次にすべき研究内容を書くところです。今回の場合は、たとえば以下のような内容が考えられます。

　今回の調査で、ゾンビ映画の量の変遷は明らかになりましたが、そ

の変化が一体何によってもたらされたのかについては、仮説として提示したにすぎません。作品の内容や評価、映画以外のメディアの状況、当時の社会背景など、質的な研究が必要です。また、2010年代のゾンビ映画の本数については明らかになっていないため、継続的な調査が求められます。

　さて、論文やレポートそのものが、あなたの研究成果を人に公表するための「作品」だったわけですが、せっかく作ったあなたの「作品」の内容を、よりわかりやすくプレゼンしてみましょう。特に卒業論文などは、ただ執筆して終わりではなく、その内容を指導教員やその他の先生、あるいは、同級生や後輩の前で発表するのが必須である大学も珍しくありません。

　プレゼンで最も大切なことは、聞き手に情報を「正確」に「わかりやすく」伝えることです。研究発表の場を教員や同級生から否定的なことを言われる「公開処刑」のように思っている人がいますが、そうではありません。実際、そんな状況を味わった人もいるかもしれませんが、人の発表を聴く際に次のことに注意するよう共通ルールを作っておけば、良い時間にできると思います。

　1つ目は、メモを取りながらしっかり聴くことです。発表者には敬意を払い、関心を持っていることを示します。2つ目は、質問やコメントを考えながら発表を聴きましょう。質疑応答の際、すぐに発言できるようにしてください。よくある「それでは質問がある人」と問われたら聴衆が全員下を向いて「しーん」と静まり返るのは避けたいものです。3つ目は、「相手の研究をより良くする」ためにはどうしたら良いのか、という目線でコメントをしましょう。相手を論破したり実現不可能な難題をふっかけたりする時間ではありません。建設的なディスカッションを心がけましょう。

　これでレポート、論文の書き方の基本は一通り終了です。まずは書いてみて、それをどんどんブラッシュアップし、より良いレポートを目指して頑張ってくださいね！

岡本　健

第**1**部

量を分析する

何かを調べる時の第一歩として「数を数えてみること」は有効です。量がわかれば、その増減や推移をながめることで全体像が把握できたり、仮説を証明できたり、新たな疑問を思いついたりすることが出来ます。

近年の漫才は
動きが多い傾向にあるのか

日向柚香（近畿大学 総合社会学部 学部生）

1．目的

　本稿では、「M-1グランプリ」の漫才を分析する。井山によると、漫才は一つの定型があるいたってシンプルな話芸でありながら、巧妙に作り込まれた芸術である。仲のいい二人が日常生活の場に身を置き、とりとめのない話をしているように見えるが、じつはそうではなく、われわれがそう感じた時点ですでに術中にはまり、彼らの言説のとりこになっている。漫才という話芸は、入念に計算されたシナリオのもと、並々ならぬ練習を重ねて得られる苦労のたまものだという（井山2005）。

　しかし近年、人気があるNONSTYLEなどの漫才を見ると、話術のみではなく、体の動きを多く取り入れているように感じる。そこで本稿は、日本で一番面白いものを決める、全国最大規模の大会であるM-1グランプリの歴代チャンピオンの漫才を分析することで、近年の漫才は本当に動作が多くなっているのかを明らかにする。

2．方法

　次の図は、M-1グランプリの歴代チャンピオンが最終決勝で披露したネタを分析し、まとめたものである。「文字数」については、ボケの人のセリフとツッコミの人のセリフによって分けた。つまり、ボケの人がツッコミらしいセリフを言ったときもボケ、ツッコミの人がボケ

らしいセリフを言ったときもツッコミとしてカウントしている。また、笑い飯はダブルボケというスタイルを取っているため、最初にボケた方をボケ、最初にツッコんだ方をツッコミとみなしている。「笑いの数」における分析は、笑いが起こった際、ツッコミがあって初めて笑いが起こったり、ツッコミの人のセリフによって笑いが起きたと考えられるときはツッコミとしてカウントし、ボケが言ったセリフによって笑いが起きたときはボケとしてカウントした。「動作」に関しては、漫才師が動きを入れており、その動作がなければ笑いが起こっていないと考えられるものをカウントした。また、M-1グランプリは2010年で一度終了しており、2015年に復活したため、2011年から2014年までのデータはない。

		1分当たりの文字数	笑いの数		動作
		ボケ：ツッコミ	ボケ	ツッコミ	
2001	中川家	545	40		25
		3：7	18	22	
2002	ますだおかだ	500	32		5
		5：5	23	9	
2003	フットボールアワー	431	29		4
		5：5	20	9	
2004	アンタッチャブル	492	34		7
		5：5	16	18	
2005	ブラックマヨネーズ	495	33		4
		5：5	27	6	
2006	チュートリアル	455	39		2
		5：5	32	7	
2007	サンドウィッチマン	725	26		4
		3：7	17	9	
2008	NONSTYLE	452	44		7
		3：7	37	7	
2009	パンクブーブー	437	22		4
		5：5	6	16	
2010	笑い飯	483	25		3
		4：6	14	11	
2015	トレンディエンジェル	360	35		16
		4：6	28	7	
2016	銀シャリ	524	35		0
		4：6	13	22	
2017	とろサーモン	429	31		2
		4：6	24	7	
2018	霜降り明星	430	28		17
		4：6	3	25	

3．結果と分析

　2018年のチャンピオンである霜降り明星は、やはり動作による笑いが多い。このネタは小学生のときのことがテーマで、この場面は水泳の授業でせいや（ボケ）が泳いでおり、粗品（ツッコミ）が解説している。

　　　粗品　　「第1コースね。クロールでタイム測ってますがな」
　　　せいや「俺も急がな、俺も急がな」（慌てた様子で泳いでいる）
　　　粗品　　「隣のコースね。第2コース」
　　　せいや（手をバタバタさせてからだは垂直）
　　　粗品　　「クリオネの泳ぎ方！　クリオネかお前」
　　　せいや（キョロキョロ左右を見る）
　　　粗品　　「第3コースは目泳いどる！　目泳いでるだけ〜ちゃんと泳げ！」

　ボケが変な動きをし、それに対してツッコんだセリフで観客はボケの動きが何だったのかがわかる、フリップ芸のような仕組みになっている。ツッコミと説明が同時に行われているのだ。よってツッコんで初めて笑いが起きる。変な動きや言い方でたくさんボケているのだが、笑いどころはツッコミであるため、ツッコミによる笑いが非常に多くなっている。
　2015年に優勝したトレンディエンジェルのネタは、女の子にモテたいと言うたかし（ツッコミ）に、斎藤（ボケ）がアドバイスをするというものであり、これは斎藤がボーリングデートを勧める場面だ。

　　　たかし「ボーリングってそんなにモテるんですか？」
　　　斎藤　　「素振りやってもらっていい？」
　　　たかし「素振り？　フォームのことですか？」
　　　斎藤　　「日本ではそういうのね」
　　　たかし「悪いとこあったら教えてください。はい、行きますよ〜」（ボーリングの玉を投げようとする）
　　　斎藤　　（顔をたかしの手にくっつくくらい近づける）

たかし「……近くで見るんですね」

斎藤　「ちょっと気にしないで」

たかし「行きますよ。おおおおお〜〜……すっ！」（投げる）

斎藤　「チッチッチ」（人差し指をたてて）

たかし「だめっぽいぞ」

斎藤　「チッチッぺっ」（「ぺっ」でボケる）

　「ぺっ」というのはトレンディエンジェル斎藤の持ちネタでもあり、このようなギャグなど動作によるボケが多く、からだ全体で漫才をしている。センターマイクもあり、自分たちとは違うキャラクターの役になりきっているわけでもないため、これは間違いなく漫才なのだが、漫才とは思えないほど動き回っている。

　このように、動作による笑いを取り入れるのが、最近の傾向であり、面白い漫才の新しい形なのか。しかし、動作による笑いが一番多いのは初代王者の中川家である。さらにトレンディエンジェルよりも最近優勝した銀シャリは動作による笑いが0回だ。これは銀シャリの語源について説明し合うネタで、橋本（ツッコミ）がアンデスメロンの語源は「安心です」のアン・デスだと説明した後、鰻（ボケ）が対抗し始める場面である。

　鰻　　「じゃあさあ、お前、冷凍ミカンてなんで冷凍ミカンって言われてるか知ってるか？」

　橋本「凍らしてるからやん！　凍らしてるから冷凍やねんか！」

　鰻　　「って言われがちなんですよね」

　橋本「言われがちなことないよお前。これからも言われ続けんねん、そうやって」

　鰻　　「実は違うんですよ」

　橋本「凍らしてるから冷凍や」

　鰻　　「意味があるんです。これね」

　橋本「意味がある？　どういうことやねん」

　鰻　　「れいとう」

　橋本「うん」

鰻　「礼を言ってくれて、ありがとう！　れい・とう！　なんですよね」

橋本「誰目線で喋ってんねんそれ」

鰻　「そうなんですよ〜」（お客さんに向かって）

橋本「「礼を言ってくれて」の礼とその「冷凍」の冷また漢字ちゃうでそれ」

鰻　「アンデスもお前カタカナやんけ」

橋本「どういうことや？」

鰻　「お前おかしいぞ？　「安心です」でアンデスやろ？　シンどこ行ってんねん！」

橋本「よう言えたなお前」

鰻　「何が？」

橋本「「礼を言ってくれてありがとう」でれいとうなんやろ？「を言ってくれてありが」どこ行ってんお前！」

　このように文章だけでも内容が伝わるほど、話の内容や会話のやり取りで笑いを取るスタイルで、昔ながらのしゃべくり漫才だと言えるだろう。また、ツッコミである橋本のセリフが長く、一つのボケに対するツッコミで、何度か笑いを起こしている。そのため、文字数が多く、ボケよりもツッコミの割合が高くなっている。

4．まとめ

　近年、霜降り明星やトレンディエンジェルのように、動きが多い漫才は存在した。しかしそれは、近年になるにつれて、動きを用いた漫才が多くなっているのではなく、漫才にはそれぞれ漫才の形やテンポ、笑いどころや笑いの種類など、たくさんの違った特徴があるのだということがわかった。M-1グランプリはそんな多種多様な漫才の中から面白い漫才を決める大会であるため、色んなジャンルの面白い漫才が集まったサンプル箱のようなものだと言える。

　この調査では、M-1グランプリの主に笑いの数や笑いどころの種類について分析したが、大きい笑いもそうでない笑いも同数としてカウ

ントしており、笑いの大きさについては視野に入れていないため、そういった笑いの強度についても分析することは次の課題である。

文献

井山弘幸(2005)『お笑い進化論』(青弓社)
「M-1グランプリ公式サイト」https://www.m-1gp.com/(最終閲覧:2019年7月31日)
M-1グランプリDVD(よしもとミュージックエンタテイメント)

> お笑いの「動き」について注目する点が興味深かった。「動き」といっても様々な種類があるかもしれない。例えば、論考内のトレンディエンジェルの「ぺっ」は決めポーズであり「見得を切る」行為であるが、霜降り明星の動きは連続的な動きである。漫才内での動きの役割やその動きの時代による変遷を研究すると、さらに新しい視点が見つかるかもしれないと感じた。

┃ コラム①　クリティカル・シンキング──高校までの勉強との違い

　もしあなたが大学に入学したばかりの1年生だとすると、当然気になるのは、大学での学びが高校までのそれとどう違うのか、という点ではないでしょうか。高校までの勉強では、教員から学んだことを試験等で精確に出力する、すなわちインプットとアウトプットを限りなくイコールへと近づけうる知性こそが「優秀」だと信じられてきたふしがあります(それは日本型の「詰め込み教育」の所産だとも考えられるでしょう)。しかし大学での学び、さらにはその延長線上にある(卒論を含む)「研究」で必要とされるのは、従来「あたりまえ」だと思っていたことを疑ってみる批判的思考力、「クリティカル・シンキング」です。
　絹川正吉編『ICU「リベラル・アーツ」のすべて』(東信堂、2002年)によると、それは「書き手、話し手の表現したい内容を客観的に理解した上で、その主張の論理性や扱われている例証や情報が妥当な検証となっているか、問題提起と結論において首尾一貫した論理性がみられるか、論理に飛躍はないか、人を納得させるだけの証拠を提供しているかなど、常に批判的に分析する能力」を意味するとされます。(松本)

2

〈怪異〉と遊ぶとどうなるのか
—— 〈怪異〉と人間とのコミュニケーションの視点から

大道晴香（國學院大學 神道文化学部 助教）

1．本稿の問題意識

　「花子さん、遊びましょ？」——学校の怪談として語り継がれてきた「トイレの花子さん」を呼び出す際の常套句だ。この怪談に代表されるように、日本で語られてきた人間と〈怪異〉＝日常の知の枠組みを逸脱した不可思議な現象や存在との邂逅をめぐる話には、「遊び」という行為の介在するものが少なからず確認される。

　〈怪異〉を包摂する超自然的次元と「遊び」との関係については、児童遊戯の発生を宗教儀礼との連続性のうちに捉える議論や、人間にとっての「遊び」を追究する議論（ホイジンガ 2018，カイヨワ 1990）のなかで言及がなされてきた。とりわけ、日本の文脈に寄り添った探究としては、民俗学の分野における蓄積が挙げられる。

　子どもの非日常性を背景に、民俗学的探究では児童遊戯のなかに降霊儀礼の名残を見出す取り組みや（柳田 1998, 桜井 1977）、隠れ遊びの模倣性から神隠しを考える試み（小松 1991）がなされてきている。ただし、そこで対象とされてきた「遊び」は、人間同士もしくは人間主導の遊びを念頭に置く場合が多く、学校の怪談に頻出するような〈怪異〉と人との間に成立する多様な交流としての「遊び」は、あまり問われてこなかったように思われる。

　そこで本稿では、〈怪異〉と人間とのコミュニケーションという視座から、両者の間で「遊び」がいかに機能しているのかを明らかにしたい。

２．対象と方法

　分析対象は、朝里樹『日本現代怪異事典』（笠間書院、2018年）に収録された事例である。本書は、現代（戦後、1945年以降）を舞台として語られた〈怪異〉のうち、「明確な作者が存在せず、人々の間で事実として語り広まっていると思われるもの」（朝里 2018:5）を収集した事典である。2019年1月時点で第10版、3万5000部を記録する話題作だ（笠間書院HP）。

　本稿では「遊び」という単語、もしくは今日の社会で一般に「遊び」と認識されている固有名詞を含む事例を書籍から抽出し、①人と〈怪異〉とのコミュニケーションの類型、②「遊び」の結果、という観点から分析を行った。なお、同じ項目内で話のバリエーションとして類似の事例が複数紹介されている場合、①と②の組み合わせが同じ事例は、まとめて1件とカウントした。

３．分析結果と考察

①人と〈怪異〉とのコミュニケーション類型

　『日本現代怪異事典』のなかに、「遊び」の語または遊戯の固有名詞を含む〈怪異〉の事例は計62件含まれていた。これらの事例は、「遊び」を媒介とする人と〈怪異〉とのコミュニケーションという観点から、大きく〔A〕〈怪異〉が人間を遊びに誘う、〔B〕人間が〈怪異〉を遊びに誘う、〔C〕人間が遊んでいる中に〈怪異〉が紛れ込む、〔D〕どちらからというわけではなく両者が対等に遊ぶ、〔E〕その他、の5つの類型に分けることができる。この類型別に見ると、62件中〔A〕31件、〔B〕20件、〔C〕4件、〔D〕2件、〔E〕5件となり、類型〔A〕と〔B〕で全体の約82.3％を占める結果となった。こうした結果からは、「遊び」が「〈怪異〉から人間へのアプローチ」「人間から〈怪異〉へのアプローチ」双方のベクトル、どちらを主導とする場合でも両者の交流の懸け橋として有効に機能している様子が見て取れる。

　ただし、人間側が〈怪異〉から提起された「遊び」の拒否に成功することが難しくなっている点は見逃せない。〔A〕には、人間が「遊び」

の誘いを拒否、もしくは許容以外の回答をするケースが11件確認され、その結果は、死ぬ3件、災難に遭う2件、選択によって無事か凶事（死・連れ去り・災難）か変わる4件で、まったく無事に拒否できたのは2件にとどまった。両者の権力関係が完全に平等ではない点には注意が必要である。

② 「遊び」の結果

　〈怪異〉と人間の間に「遊び」の成立によって交流が生じた事例について、その結果としての人間の状態を明示している事例は計46件確認された。内訳は、死ぬ11件、災難に遭う10件、連れ去り6件、消える5件、無事3件、帰れない1件、お化けにされる1件、幸福になる1件、選択によって変わる8件である。選択によって変わるケースも、無事・幸福と対となっているのが連れ去り・消える・死ぬ・災難・怪奇現象である点に鑑みれば、〈怪異〉と「遊んだ」場合、人間は凶事に見舞われる可能性が極めて高いと言えよう。災難に遭う以外の凶事は、この世からの離脱＝他界との同化と見なし得るため、「遊び」を介した〈怪異〉との交流は、〈怪異〉側の世界への同化を志向すると考えられる。

　こうした状況の原因は、両者の「遊び」に対する認識の食い違いにある。

> Ex. 「九時おじさん」
> 夜九時九分に一階の女子トイレで「九時おじさーん。なにかして遊ぼうよ」と言うと、「縄跳び、ままごと、どっちがいー？」と声が返ってくる。これに「縄跳び」と返すと首を絞められ、「ままごと」というと包丁が落ちてくるという。
> （朝里 2018:128）

　噛み合わない両者の認識は、〈怪異〉が我々とは異なる意味体系のもとに生きる存在、異質な〈他者〉であることを示す。「遊び」は、人間と〈怪異〉という異なる2つの意味世界・存在の接点として機能しているのである。

4．まとめ

　「遊び」は、〈怪異〉と人間どちらを能動的な主体とする場合であって

も、両者の間に交流をもたらすものとして機能している。ただし、「遊び」を支配する主導性に関して言えば、両者の権力関係は平等ではない。また、〈怪異〉と「遊ぶ」と人間は凶事に見舞われる可能性が高く、日常世界から離脱してしまう場合も多い。「遊び」を介した〈怪異〉との交流には、人間を〈怪異〉の世界に同化させる機能が認められる。

文献

朝里樹(2018)『日本現代怪異事典』笠間書院

飯島吉晴(1985)「子供の発見と児童遊戯の世界」、『日本民俗文化大系　第十巻　家と女性　暮しの文化史』小学館

カイヨワ、ロジェ(著)／多田道太郎・塚崎幹夫(訳)(1990)『遊びと人間』講談社

小松和彦(1991)『神隠し　異界からのいざない』弘文堂

桜井徳太郎(1977)『日本のシャマニズム　下巻』吉川弘文館

寒川恒夫(2003)『遊びの歴史民族学』明和出版

多田道太郎(1994)『遊びと日本人』筑摩書房

西村清和(1989)『遊びの現象学』勁草書房

ホイジンガ、ヨハン(著)／里見元一郎(訳)(2018)『ホモ・ルーデンス』講談社

宮田登(2007)『宮田登 日本を語る12　子ども・老人と性』吉川弘文館

柳田國男(1998)「こども風土記」『柳田國男全集　第十二巻』筑摩書房

〈怪異〉を現代社会におけるひとつの文化装置とするならば、本稿で論じられた怪異譚はどのような機能を果たしているのだろうか。モチーフは現代的だが機能は古くからの怪異譚と同じものなのか、もしくは現代特有の要請を反映して新たな機能が生じているのか疑問に思った。

書き出しが小説のようで、一気に引き込まれた。人間側が〈怪異〉から提起された「遊び」の拒否に成功することが難しい、権力が〈怪異〉側の方が強い状態における、人間側に取れる策である呪文や〈怪異〉側の弱み(口裂け女におけるポマードやべっこう飴)によって形勢逆転が可能であるパターンについても詳しく知りたい。

3

アイアンマンは民衆たちの
ヒーローとなっていたか

藤本澪（近畿大学 総合社会学部 卒業生）

1．はじめに

　本稿では、映画『アイアンマン』や『アベンジャーズ』シリーズに
登場するヒーロー、アイアンマンについて分析する。亀井(1993)によ
ると、アメリカのヒーローとは、民衆たちが元々持っていた力を代表
して発揮する者たちであり、それらの存在を民衆たちは待望していた
という。アイアンマンことトニー・スターク（以下トニー）は、元々は
兵器産業会社の社長であり、トニー自身も身に着けた膨大な科学の知
識を使い兵器づくりにも携わっていた。しかし、テロリストによって
拉致され、そこからの脱出のために一番最初のアイアンマンスーツを
製作する。世界の危機を案じたトニーはその後様々なスーツを開発し、
他のヒーローたちと共に世界のために戦っている。

　MCU(*1)シリーズの細かい設定や公開後の世間での作品の評価など
については、てらさわ(2019)を参照して頂きたいが、シリーズのとあ
る作品内において、ヒーローたちは、自らの力を国連の制御下に置く
という「ソコヴィア協定」への調印を求められ、トニーはいち早く調
印する。トニーは自らが開発した兵器が、戦争に大きな影響を与えて
いたという現実や、自分たちのヒーローとしての活動によっても民衆
に被害を出していたという結果を見せつけられたがゆえに調印したの
である。つまりトニーは、自らの活動は民衆たちの「代表者」として
のヒーローとはいえないと考えたと推測できる。そこで本稿では、ト
ニーの行いはヒーローとして民衆や彼らが暮らす都市を守れていたか

を、アイアンマン側とヴィラン(*2)側のそれぞれが与えた被害を計測・分析し検証する。

（＊1）マーベルコミックス原作のスーパーヒーローたちの実写映画作品を、同一の世界観として扱いクロスオーバーさせていくプロジェクトMarvel Cinematic Universeの略。
（＊2）アメコミ作品やその映画において、「悪役」を指す言葉

2．検証対象と方法

　本稿での検証対象は、執筆段階で公開されているMCUシリーズ23作品の内、アイアンマンの戦闘シーンが存在する8作品を対象とする。アイアンマンとヴィラン側が出した被害をそれぞれ、人・車両・建物の3カテゴリーで集計していき、以下のルールを設定しカウントする。

・アイアンマンとヴィランのそれぞれがもう片方に攻撃した時に生じた被害は、攻撃を行った側が出した被害としてカウント。
・もう片方に攻撃しようとした時の誤射も、攻撃を行った側が出した被害としてカウント。
・人の被害カウントは、死亡だけでなく重傷もカウントする。
・アイアンマンスーツは、トニーが着用していなくても活動可能であるので、実際に着用していない時に生じた被害は、アイアンマン側の出した被害としてカウント。
・ヒーロー側の人物が、催眠などによって操られる場合があるが、その場合はヴィラン側が出した被害としてカウント。
・アベンジャーズなどのヒーロー集合映画では、ヒーロー側のカウントは、あくまでアイアンマンが関与した場合のみカウント。
・劇中台詞で語られる被害も、カウントする。
・ヴィラン側の人物を殺害した場合は、アイアンマン側の出した被害としてカウント。
・作品によっては、機械生命体がヴィランとなるが、それらの機械生命体を殺傷しても、人の殺傷とはカウントしない。
・宇宙や、違う惑星が舞台となる作品もあるが、あくまで地球の中での描写をカウントする。

・タイムトラベルした先が地球であれば、過去であっても上記のルール通りカウントする。

　以上のルールを設定し、カウント・考察を進める。なお、あくまでMCU内でのアイアンマンの活動を追うので、アメコミ版やその他の媒体での活動は含めない。

3．検証結果と考察

表1：ヴィラン側が出した被害まとめ

	人物	車両	建物
アイアンマン （アイアンモンガー）	7人	3台	1棟
アイアンマン2 （ウィップラッシュ）	10人	60台	5棟
アベンジャーズ （ロキ）	91人	59台	12棟
アイアンマン3 （アルドリッチ・キリアン）	15人	3台	6棟
AOU（＊3） （ウルトロン）	5人	5台	————
CW（＊4） （ジモ大佐）	110人	3台	2棟
IW（＊5） （サノス）	————	7台	3棟
EG（＊6） （サノス）	6人	————	1棟
計	244人	140台	30棟

作品名の下にはその作品のメインヴィランを記載している。
（＊3）2015年公開作品『アベンジャーズ／エイジ・オブ・ウルトロン』
（＊4）2016年公開作品『シビル・ウォー／キャプテン・アメリカ』
（＊5）2018年公開作品『アベンジャーズ／インフィニティ・ウォー』
（＊6）2019年公開作品『アベンジャーズ／エンドゲーム』

表2：アイアンマンの戦闘により、生じた被害。

	人	車両	建物
アイアンマン	37人	3台	1棟
アイアンマン2	1人	———	3棟
アベンジャーズ	———	———	5棟
アイアンマン3	30人	2台	2棟
AOU	21人	9台	5棟
CW	———	3台	———
IW	———	1台	———
EG	———	———	———
計	89人	18台	16棟

　なお、今回の集計ではAOUで起こったソコヴィア陥落や、IWで起こった人類の半分の死滅といった、映像内だけの集計が不可能な事例は、省いている。

　表1と表2を比較してみると、まずヴィラン側の人に対する被害はアイアンマン側の約3倍となっていることがわかる。けれども映画『アイアンマン』や『アイアンマン3』では、アイアンマン側が殺傷した人数が、ヴィラン側よりも多いことがわかる。これは、トニーがスーツを開発して間もないころでパワーを制御できていなかった点や、敵対するヴィランが同じ人間のテロリストであったことで必然的に殺傷人数が増えてしまったという点が関係しており、民衆への被害は出ていないのだ。

　加えて映画『アイアンマン2』や、『アベンジャーズ』ではそれぞれヴィラン側が60台近い車両を破壊している。民衆たちの中には自分の自家用車が大破してしまった者も大勢いて、アイアンマンに逆恨みのような感情を抱いた者もいただろう。けれども、これらの作品においてアイアンマンはヴィラン達を、人が大勢いる万博会場からを誘導して駐車場のような場所に誘導したり、NY全域からなるべく人の避難が完了した地区への誘導を図ったりして、なるべく人的被害が出ないよ

うに心掛けている描写が作品内にも描かれている。アイアンマンは、民衆たちの周辺の環境を確かに変えてしまったかもしれないが、民衆たちの『代表者』たるヒーローとして、彼らの命だけでも救おうと行動していたと考えられる。

4．まとめ

　検証の結果、アイアンマンは確かに民衆たちの命は守っていたが、民衆たちの住んでいる周辺の環境などに大きな変化を与えてしまっていたという事が確かめられた。

　しかし、映像内で行われる"破壊"は我々視聴者側にも、様々な心理的影響を与えているはずである。そして、映画において環境の変化や破壊という演出の際に、「車両の大量の破壊」という手法はやはり多くみられるということも、今回改めて鑑賞してみることで見て取れた。

　そこで、『トランスフォーマー』シリーズや『ワイルド・スピード』シリーズ、あるいはもっと過去の作品などの印象的な車両の破壊シーンがある映画を鑑賞・測定しつつ、映画の破壊シーンの変遷や、それに対する作品内の人物や、我々視聴者側への心理的影響の研究を今後の研究のテーマとしたい。

参考文献

亀井俊介 (1993)『アメリカン・ヒーローの系譜』研究社出版

てらさわホーク (2019)『マーベル映画究極批評　アベンジャーズはいかにして世界を征服したのか?』イースト・プレス

アイアンマンが及ぼした人々に対する被害を表の中でより区別することで、さらなる発見があるかもしれない。例えば、アイアンマンが直接殺傷した（直接的被害）のと、戦闘のなかでビルが倒壊してしまった結果殺傷してしまった（間接的被害）のとでは、物語上の意味も変わってくるだろう。

ヒーロー活動が平和を維持する一方で破壊を招いて
しまうという事実からトニーが「ソコヴィア協定」を結ん
だ、というヒーローの葛藤に注目した点が興味深かっ
た。ヒーローの活動を制限する協定によってその立ち
位置がどのように変化したのか、ヒーローが力を使わ
ず平和維持をするとはどのようなことを指すのか、とい
うことにも注目することでヒーローとは何かということを
より深められると思った。

▌コラム②　あたりまえを疑い、違和感をもつことの大切さ

　大学では、与えられたものを盲目的に信じて鵜呑みにするのではなく、対
象をつねに問いつづける「クリティカル・シンキング」が重要になります。たと
えば本書の目次にならぶトピックをざっと眺めてみてください。趣味の対象と
して消費しているゲームやお笑いなどのコンテンツ、日々なにげなく触れてい
るTwitterやInstagramなどのメディアが分析の俎上に載せられています。こ
れらの多くは、みなさんにとっては「身近」で「あたりまえ」のものであるがゆ
えに、従来それらについて違和感をもったり、考察の対象として意識したりし
た機会はなかったかもしれません。それだけそれらの題材は、現代人の日常
に馴染んでしまっているわけです。
　大学での学びで重要なのは、これまで「あたりまえ」すぎて見えなくなって
いたものを批判的に問いなおし、それを可視化するという姿勢です。たとえ
ば、上記のうち「ゲーム」を例にあげてみても、私たちはそれに対して様々な
問いを投げかけることができるでしょう――「人は、なぜゲームをするのか」「e
スポーツとはスポーツなのか」「近年台頭しつつあるソーシャルゲームは、それ
以前のゲームとどう異なるのか」。これらの問いに応えていく一連の作業をつ
うじて、みなさんはその題材に関する新たな視点を手に入れることができる
はずです。ともあれ、普段「あたりまえ」だと思って見過ごしていたものを改め
て見つめなおし、違和感とともにクリティカルに問いなおす――ここに、大学
における学びの「入口」があるといっても過言ではないでしょう。(松本)

4

Twitterからみられる
地下アイドルの承認欲求と未熟さ

嶋川奈々香（近畿大学 総合社会学部 学部生）

1．はじめに

　本稿では、メジャーアイドルとされる人々と地下アイドルと呼ばれる人々の間でSNSの利用あるいは投稿の仕方にどのような違いがみられるか比較検討する。

　KAKINによれば、ファンがアイドル育成に自発的かつ積極的に参加し、「未熟さ」を愛でる対象として受け取り、それ以上に磨き、うまく磨ければまた愛でるという過程がある（KAKIN 2018）。そして、地下アイドルの子たちは観客から声援をもらったり、物販のために会いに来てもらったりすることで承認欲求を満たし、彼女たちの「有名／人気者になりたい」欲求を実現するためには応援してもらうことが不可欠である、と姫野は述べている（姫野 2017:159）。こうしたKAKINや姫野の考察を踏まえ、筆者はSNS上で広報活動を行うアイドル達の中でも、その用い方とファンとの関係性のあり方に違いがあるのではないかと推測した。本稿の目的は、投稿の差から2種類のアイドルの違いや特徴を明らかにすることである。

2．日本のアイドル

　稲増龍夫によれば、「日本的文脈における「アイドル」とは、70年代以降に生まれた、若者をターゲットにした歌謡ポップス歌手の総称」であり、「従来のスターのカリスマ性」や、歌手としての実力よりも、

「性」や「若さ」をアピールして人気を得た存在であるという（稲増 1999）。

　日本のアイドル史は、『職業としての地下アイドル』（姫野 2017）の中で次のように整理されている。日本におけるアイドルの登場は、1970年代初頭とされる。1971年の秋には、次々とアイドルを輩出することになるオーディション番組「スター誕生！」が始まった。その後、1985年から1987年にかけてアイドルブームを迎える。アイドルドラマがゴールデンタイムで大成功し、「おニャン子クラブ」ブームが始まった。1987年からは「アイドル冬の時代」が始まり、アイドルの出演するバラエティー番組がほとんど終了した。しかし、1997年にデビューした「モーニング娘。」や2005年に活動を開始した「AKB48」の登場により、市場が拡大し「アイドル戦国時代」といわれるようになった。

　アイドルがメディア産業において存在感を強くし、一つの文化として成長した一方で、インディーズで活動をする女の子たちは90年代に現れた。テレビの歌番組が減少したことで「アイドル冬の時代」が訪れ、テレビではなくライブハウスに活動の場がうつっていった。そして、「アイドル戦国時代」にアイドルに憧れ多くの人が活動を始めたこと、同時期にスマートフォンとSNSが普及したことが地下アイドルの増えた要因といえる。なお、そもそも地下アイドルとは、メジャーアイドルと比べて、マスメディアへの露出よりもライブを中心に活動をし、ファンとの距離も近いグループの大まかな総称である。プレアイドル、ライブアイドル、インディーズアイドルとも呼ばれる。ライブへの出演と、特典として握手やチェキ撮影会などが付随する物品販売が主な収益になっている。とはいえ、地下アイドルを固定的に定義することは難しく、橋本環奈のように地方地下アイドルグループに所属していた時に多くの注目を集め、今や数々のメディアに取り上げ活躍する者、「でんぱ組.inc」や「仮面女子」のように小さな公演を積み重ねて、徐々に人気を集めた地下アイドルから成功し、のし上がったグループも存在する。そのため、こうした近年の動向からもわかるように、かつてのように地下アイドルとメジャーアイドルのあいだには明確な違いがなくなっているといえる。

先行研究によると、地下アイドルのTwitter使用率はほぼ100％で、更新頻度の平均は一日に3.5回である（姫野 2017:135）。SNSによってアイドル業界で重要視されるまでのアイドルとファンとのヴァーチャルコミュニケーションが形成され、アイドルにとってもファンを身近に感じるようになっている（植田 2019）。このように、近年のアイドルや地下アイドルはSNSを使用することが当たり前になっており、ライブの開催日時や個人の宣伝といった発信に欠かせないものとなっている。

３．対象と方法

　分析対象は、音楽番組「ミュージックステーション」やその他マスメディアに多く出演し、横浜アリーナなどでのライブを成功させた6人組メジャーアイドルグループAと新宿アルタなどで行われるアイドルフェスに多く出演する公式Twitterのフォロワー数が約600人の7人組地下アイドルグループBの2組である。リーダーと最もフォロワー数が少ないメンバーのそれぞれ2名ずつ、計4名で比較を行う。
　4名の1か月のツイートを読み、総ツイート数、自撮りが添付された投稿、未熟さを感じさせる投稿やネガティブな投稿を比較する。KAKINはアイドルを定義する上で彼女らの「未熟さ」に注目したことは本稿の最初で述べた。そのため筆者もそれにのっとり、「もっと強くなりたい」のように、自分の弱さや至らなさを直接吐露するような投稿を「未熟さを感じさせるツイート」として数えて集計した。なお、アイドル自身の自発的な投稿に絞るため、ファンへの返信は調査に含めないこととする。

４．結果

　結果を表1、表2にまとめた。

	グループA	グループB
総ツイート数	111ツイート	179ツイート
自撮りが添付されたツイート（総ツイートに対する割合）	13ツイート（11%）	54ツイート（30%）
未熟さを感じさせるツイート	1ツイート（0.1%）	14ツイート（7%）

表1：両グループ内のリーダーの投稿

	グループA	グループB
総ツイート数	78ツイート	121ツイート
自撮りが添付されたツイート	12ツイート（15%）	35ツイート（28%）
未熟さを感じさせるツイート	4ツイート（5%）	17ツイート（14%）

表2：グループ内で最もフォロワー数が少ないメンバーの投稿

　2つの表から、メジャーなアイドルになるべく地下アイドルとして活動を続ける人々は自撮りが多いだけでなく、未熟さが主張されるような投稿が目立つことが分かる。未熟さを感じさせるツイートには、「アイドルだからずっと笑顔で元気で病まないっていう謎の決めつけ本当に嫌だな」、「愛されたい。愛されて痛いって思える程」という、自分の弱さを吐露するようなものがあった。また、リーダーよりもフォロワーが少ないメンバーの方が該当する投稿が多い。人気がないメンバーの方が、ファンに認められたいという気持ちがあると推測できる。個人によって結果は変わってくるかもしれないが、地下アイドルの方が、より承認欲求が強く、未熟さをアピールする傾向にあると考える。このような投稿をすることはファンの気持ちを摑むことにも繋がっているといえる。

5. まとめ

　今回の調査から、誰かに認められたいという承認欲求が地下アイドルの活動意欲を高めていることが分かった。地下アイドルをしている人々の心理状態はSNSを通した承認を求める多くの現代の若者に共通していると言える。筆者は、承認欲求を満たすツールとして、地下アイドルの場合にみられるようにSNSが重要な役割を持つと考えている。今後、ますます若者にSNSが普及していく中で、すぐ身近にいるインスタグラマーやユーチューバーのように、承認欲求を満たしたい誰もが注目を浴び人気を集めることが容易になる。SNS上で活躍する人々と地下アイドルを比較することで、若者の未熟さとSNSの関連を調査していくことを今後の課題としたい。

文献

稲増龍夫 (1999)「SPEED にみるアイドル現象の変容」『鳴り響く性　日本のポピュラー音楽とジェンダー』勁草書房

植田康孝 (2019)「アイドル・エンタテインメント概説(3)　アイドルを「推す」「担」行為に見る「ファンダム」」『江戸川大学紀要』、133 – 153頁

姫野たま (2017)『職業としての地下アイドル』朝日新聞出版

KAKIN Oksana (2018)「「未熟さ」を磨き、愛でる　ファン行動に見るアイドル育成の文化的側面」お茶の水女子大学『人間文化創成科学論叢第21巻』、223 – 230頁

地下アイドルは「未熟さ」が指標となって人気を得ていることが本稿を通して明らかになったが、逆に「未熟さ」を表現しないメジャーアイドルが自撮りや弱気なツイートではなく何によってファンを獲得しているのかを分析すると、地下アイドルとの対比がより明瞭になると思った。

今回は地下アイドルの分析だったが、有名芸能人の YouTube 進出などにみられるように、そもそも「メジャー」と「マイナー」の区別が融解してきているという事情も考察すべき事態としてあるのではないか。そのため、今回の結論は、地下アイドルだけに当てはまるものではないかもしれない。

┃コラム③　違和感をもつこと、問いを立てること、問いにこたえること

　苅谷剛彦が『知的複眼思考法』（講談社、1996年）で言及したように、私たちの身の回りには「ありきたりの常識や紋切り型の決まり文句、つまりステレオタイプ（決まり切ったものの見方）」があふれています。ロラン・バルトが「脱神話化」と呼んだことにも関連しますが、集団的に共有された「思い込み」、すなわち常識やステレオタイプから一歩抜け出すことこそが大切なのです。そしてそのために、クリティカル・シンキングをもちいた学問的検討の作業が有用であるという点は、いくら強調してもしすぎることはないでしょう。

　みなさんに思考実験としておすすめしたいのは、「違和感さがしの冒険」に出ることです。とはいえ、生活の場から遠く離れる必要はありません。その対象は、意外なほど身近で発見できたりします。たとえば近所の公園にいってみてください。そこに設置された突起物付きのベンチ（いわゆる「排除ベンチ」）は、なぜそのようなデザインになっているのでしょうか。近隣のショッピングモールにいってみてください。トイレの入口に設置されたピクトグラムは、なぜ「男＝青」「女＝赤」の2種類で構成されているのでしょうか。そのようなちょっとした「気づき」、もしくは肌で感じる「違和感」を起点としながら、それに向けて様々な問いを投げかけてみましょう。見慣れたものを、普段とは異なる角度から捉えなおすことが「違和感」を見いだすコツです。

　むろん本書は「大学における学び」の基礎の基礎、レポートの作成法をゆるく指南する入門書となります。しかしその延長で「研究」を位置づける場合、「違和感をもつ」というステップは、研究上の問題意識を見つけ出すためにも重要です。そしてそれをもとに問いを立て、問いにこたえる一連の作業こそが「研究」となるのです。（松本）

5

ミュージアムはどんな場所？

長谷川紗彩（愛知淑徳大学 メディアプロデュース学部（現・創造表現学部）卒業生）

1．はじめに

　博物館や美術館といったミュージアムという空間に、一体どんなイメージを抱いているだろうか。面白くて楽しい場所？　それとも難しくて堅苦しい場所？　私が幼少期から足を運んできたミュージアムは、足音さえも立てないように静かに展示物を鑑賞する学びの場といった側面が強かったと記憶している。

　しかし近年では、写真撮影可能な作品やフォトスポット、有名なキャラクターとコラボレーションしたオリジナルグッズが用意されるなど、従来のイメージを覆す取り組みが多く見られる。また、ミュージアムがフォトジェニックな場所としてメディアで取り上げられることもある。スマートフォンが普及し、SNSが身近になった時代のなか、ミュージアムにもSNSを活用し、知名度の向上や来館者の増加につなげたいという動きがある。学びの場といった側面が強かったミュージアムは、どのようにして時代に対応していくのだろうか。

2．ミュージアム、ミュージアム・マーケティング、SNSマーケティング

　本研究のテーマであるSNS時代のミュージアム・マーケティングは、以下の3つの文脈と先行研究のうえに位置付けられる。

　1つめ、「ミュージアム」について村田（2014）は、啓蒙思想や教養

主義の結実した空間であったミュージアムの「高級モダニズム」の壁が決壊し、昨今では文字通りの大衆とポピュラー文化が流れ込んでいると述べている。2つめ、「ミュージアム・マーケティング」についてコトラー（1998=2006）は、ミュージアムが存在し続けるためには、ミュージアムそのものの役割に加えて、これらが人々から支持されることが重要だと述べている。3つめ、「SNSマーケティング」についてグローバルリンクジャパン／清水（2016）は、SNSマーケティングを行ううえで注意したいのは、その本意とすべきは企業ではなく、ユーザーであると述べている。

　本研究では、現代においてポピュラーな文化となったと言えるミュージアムが、経営という観点から来館者を増やすための一つの手段として、ユーザー優位という特性を持ったSNSマーケティングを活用している、という事態を上記3つの文脈が反映された適切な事例であるという仮説をたて、下記の調査を実施した。

3．森美術館のミュージアム・マーケティング

　SNS時代のミュージアム・マーケティングの実例として、SNSを活用したマーケティング活動を積極的に行っている森美術館のマーケティング担当者にインタビューを行った。

　森美術館は東京六本木ヒルズに位置し、現代アートを中心に建築、デザインなどの多彩なジャンルの展覧会を開催している。来館者属性としては20代、10代と若い世代が半数以上を占めている点が特徴として挙げられ、Instagram、Twitter、Facebookのフォロワーの合計数は国内のミュージアムのなかで最多である。展覧会では可能な限り作品の写真撮影を可能にし、展覧会場入口にシェアを促す表示をしたり、閉館後の一般客がいない展示空間で、複数のインスタグラマーを招き、展示風景を撮影・シェアしてもらうイベント「#empty」を国内で初めて開催するなどの先進的な取り組みを行っている。

　2017年11月18日〜2018年4月1日（会期135日間）に開催された「レアンドロ・エルリッヒ展：見ることのリアル」は、当初の動員目標だった40万人を大きく上回る61万4411人を動員した。展覧会の特性か

ら、ファミリー層をターゲットとしていたため、開幕前はマスメディアを活用する施策を打っていた。しかし、開幕後、SNS映えすると話題になり、SNSにおける投稿数が増え、結果として多くの来館に繋がった。

　ミュージアムにとって、体験をシェアしてもらうことが何よりの宣伝につながることや、投稿の内容から来館者のニーズを読み取ることができ、ターゲットに合わせた情報を「その人に向けて」届けられる点などから、森美術館はSNSを効果的なマーケティングツールと捉えている。一方で、SNS映えを意識した取り組みはしないと決めており、美術館の本来の目的を見失ってはいけないと考えていることがわかった。

　上述の調査に加えて、ミュージアム・マーケティングの受け手である来館者の行動を知るためにInstagramの投稿調査を行った。調査対象は、「#レアンドロエルリッヒ展は4月1日まで」というハッシュタグが使用されている投稿333件のうち、2018年11月20日時点で確認できた公開投稿277件である。その277件のうち、展覧会場入口の表示にて森美術館側から公式に提示された4つのハッシュタグの使用数を挙げる（Instagramでは複数のタグを重ねて使用することが多いため、数字は延べ数）。

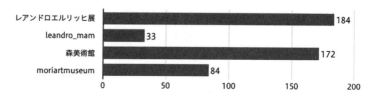

図1：公式に提示されたハッシュタグの使用数（単位：件）

　最も多く使用されていたのは「#レアンドロエルリッヒ展」であるが、総投稿数277件に対して184件の使用に留まっている。この結果から、投稿時に入口の表示を意識しないユーザーが一定数存在することがわかった。このような現象が起こる理由の一つとして、多くの投稿者が森美術館の外で写真を投稿していると考えられる点が挙げられる。投稿された多くの写真は、明るさやコントラストが調整されていたり、

ぼかしが入っていたりと、まるで作品のように編集されたものばかり
である。これらの作業を展示室内で行っているとは考えづらい。自宅
やカフェなどの落ち着いた場所で写真を編集し、投稿する際には、入
口の表示は目に入らないということなのだろう。写真を撮影し、加工
し、その写真をシェアすることが一つのデバイスでできるようになっ
た今、ミュージアムで撮影する写真のあり方が大きく変容しているこ
とがわかった。

4．ミュージアムとシェアの関係性

　マーケティング活動の最終的な目標が来館であるミュージアムと、
来館者の体験や感動がリアルな声としてシェアされるSNSは親和性が
高いことがわかった。全国美術館会議機関誌などでもミュージアムの
SNS活用について取り上げられていることからも、上述の事実を多く
のミュージアムが認識しており、SNSの活用に対して関心を持ってい
ることがわかる。しかし、上手に活用できているミュージアムはそれ
ほど多くない。
　ミュージアムは芸術性の高い展示品に溢れており、結果的にフォト
ジェニックな場所になっていることは間違いない。何より、新たな学
びを得ることができたり、心を揺さぶられる体験ができたりと誰かに
感想を伝えたくなる空間であるという強みがある。よって、これを活
かさない手はないと考えられる。
　一方で、ミュージアムの特性上、ミュージアムとは何であるか、ど
うあるべきなのかという意義をしっかりと認識し、トレンドに振り回
されることのない本質的な取り組みを行うことが求められている。
　現代においてミュージアムが今後も継続して役割を全うしていくた
めには、経営という視点をおざなりにはできない。社会にとってミュー
ジアムが有益なものであり続けるためにも、より良いマーケティン
グ活動を行っていくことが必要不可欠であるのではないか。

文献

村田麻里子 (2014)『思想としてのミュージアム　ものと空間のメディア論』人文書院

コトラー、フィリップ＆コトラー、ニール (著)／井関 利明・石田和晴 (訳) (2006)『ミュージアム・マーケティング』第一法規

株式会社グローバルリンクジャパン・清水将之 (著) (2016)『SNS マーケティングのやさしい教科書』株式会社エムディエヌコーポレーション

> ミュージアム内の撮影について書かれていたが、アーティストのコンサートでも同じような事例がある。例えば、「SEKAI NO OWARI」のコンサートでは、フラッシュをたかない写真撮影は認められている。この点から、本稿の研究はコンサートや映画館、劇場などについて考える際にも参考になると思った。

コラム④　リサーチ・クエスチョン──問いを立ててみる

　問いを立てるとは、どのようなことなのでしょうか。東谷護は『大学での学び方──「思考」のレッスン』(勁草書房、2007年)のなかで次のように語っています──「「問う」とは、「未知のものを知ろうとすること」、「すでに知っているものに疑問をもつこと」という意味です」。そう考えると「問い」とは、未知のもの／既知のものの双方に差し向けられうると理解するのが適切でしょう。つまり「問いを立てる」とは、知らないものを知ろうとする営為、すでに知っているものを(「疑問」を介して、従来とは異なる観点から)さらに知ろうとする営為として位置づけられるのではないでしょうか。

　東谷は、思考とは問うことからはじまると主張しつつ、上記とは別の箇所で次のようにも語っています──「学問の醍醐味の一つに、「自由」があります。どのような問題意識を持ち、どのような問いをたてて、その問いにこたえようとも自由です。もちろん、問いを分析、考察する方法や道具、ルールといったものは各分野で存在します。このルールを守れば、基本的には自由です。[…]学問の世界では、自らの疑問を自らの手で解決するのだから、楽しいのです」。

　東谷がここで示唆するように、ルールは学問分野によっても変わります。『観光人類学のフィールドワーク』(ミネルヴァ書房、2021年)という本のなかで、碇陽子と市野澤潤平は当該分野における問いの立て方について次のように説明しています──「研究には問い(リサーチ・クエスチョン)が必要である。問いとは、自分の興味関心を「○○とは何か」「○○はどうなっているのか」といった疑問文に落とし込んだものだ。原理的には、あらゆる問いに基づく研究があり得る。「いま私がほじりだしたハナクソにはなぜ鼻毛が一本ついているのか」といった論文を書くこともできるが、それでは個人の酔狂の域をでない。大学で行われるような公的な研究では、自分以外の人間に問いの「意義」を理解してもらう必要がある。[…]さらに人類学的フィールドワークは、調査地の人たちに多大な協力を求める。そこまでの犠牲を払ってあえて研究をはじめるには、それなりの理由がなければならないのだ」。

　ここで碇と市野澤が解説するように、人類学研究の場合には、調査対象となるフィールドの人々による協力が不可欠となりますので、「問い」の意義やその説得力をめぐって、その領域に固有のルールが存在しているようです。そしてそれは、哲学などの領域におけるルール設定とは違って然るべきだといえるかもしれません。

　ともあれ本コラムでは、大学における学び／研究プロセスで必要とされる「問い」について考えてみました。そして、一定の違和感や問題意識に立脚してなされる「問いを立てる」という行為は、あらゆる研究の「入口」として重要だといえるでしょう。あなたもぜひ試みに、なにか1つの対象(どんな作品でも、どんな事象でもかまいません)を選定し、それに対して、どんな「問い」が考えられるのかを想像してみましょう。将来、大学で様々なレポートを書き、さらには卒業論文を仕上げていく学生のみなさんにとって、それはきっと良い知的トレーニングの機会になるはずです。(松本)

6

日本のメディアにおける「マネキン」の意味変化
—— 朝日新聞の紙面を例に

関根麻里恵（学習院大学大学院 人文科学研究科 助教）

1. 問題関心：「マネキン」は人間？　人形？

　現在、「マネキン」——最初に登場したフランスではマヌカン——といえば、おもに店頭のショーウィンドウなどに設置された等身大の人形を指す。それらの役割は、その時期に適した装いの提案や売れ筋のアイテムを紹介する媒体といえよう。

　ところで、「マネキン」を日本語国語辞典、たとえば『広辞苑 第7版』（岩波書店）で引いてみると、「①衣服を着せて飾る陳列用の等身大の人形。②ファッション - モデル。③新作の服装や化粧をして宣伝・販売をする人。マヌカン。」と記載されている。ほかを引いてみても同様に、マネキンには人形を指す場合と人間を指す場合がある。平芳裕子（2018）によると、人間のモデルに当てられていた「マネキン」というフランス語が、1920年代なかば以降のアメリカで、衣服を展示するための人形を指す言葉にも用いられるようになったという（平芳 2018: 221）。

　「マネキン」について書かれた先行文献を概観してみると、ファッションやアートの文脈——それらはおもに人形を対象としている——で論じられているものが多い傾向にある。そこで本稿では、日本において人間を意味する「マネキン」に注目し、それがメディアのなかでどのように扱われ、意味変化したかを、新聞記事を手がかりに明らかにしていく。以降、人形を指す場合は人形マネキン、人間を指す場合は人間マネキンと表記する。

2．対象と方法：新聞記事検索

　本稿で分析の対象とするメディアは新聞記事である。その理由は、新聞が幅広い層を読者として想定し、かつては最も速報性が高いメディアであったと仮定したためだ。今回は、数ある新聞社のなかでも朝日新聞の記事を対象とし、朝日新聞社のデータベース『聞蔵Ⅱ』の「聞蔵Ⅱビジュアル」で、「マネキン」をキーワードに横断検索した。この「聞蔵Ⅱビジュアル」では、当時どういった記事が並ぶなかに該当する記事が掲載されていたかを、ビジュアルを含めて閲覧することが可能（「朝日新聞縮刷版1879～1999」）であるため、今回の調査はこれを採用した。なお、再現性を高めるために今回はキーワードを複数使用しなかった。

3．結果と考察：労働者としての人間マネキン

　「マネキン」をキーワードに検索したところ、「朝日新聞縮刷版1879～1999」で該当したものは133件であった（表1）。

年　代	記事数
明治・大正	1 記事
昭　和（戦前）	72 記事
昭　和（戦後）	52 記事
平　成（～11年）	8 記事

表1

　この検索方法で最初にヒットした記事は、1929年6月4日朝刊の「初夏の生活（2）／汗にはげる白粉　若さの価1日9円」で、人間マネキンを紹介していた。1930年代までは、人間マネキンを意味する際は「マネキン」や「マネキン・ガール」、「マネキン嬢」や「マネキン娘」、もしくは「おしゃべりする人形」という言葉で紹介されており、「先端的職業」として給料の良さなどが取り上げられていた（「日本マネキンク

ラブ」という人間マネキン紹介業もあった）。つまり、人間マネキンとは若い女性の職業の一つ（労働者）を指していた。また、当時流行していたモダン・ガール（通称モガ）と関連付けて紹介しているものも複数見受けられた（1933年10月20日朝刊「備忘雑記鈔（4）／マネキン　モダンガールをひとり／佐藤春夫」など）。

1932年12月、日本で最初のマネキン企業「島津マネキン」（1925年3月誕生）が流れ作業による量産方式を採用したことで、人形マネキンの大量生産が可能になった。その約2年後、1934年4月30日夕刊「マネキン昨今」では、人間マネキンの給料が下落し始め、華やかさだけでは人形マネキンに勝てなくなったことが指摘されている。これは、ただアイテムや自身の装いを見せるだけではなく、より積極的な接客を行うという役割の変化が人間マネキンに生じたことが本記事から推察できる。つまり、1980年代のDCブランドブームの際に隆盛を極めたハウスマヌカン（ブティックの販売員）や今でいうショップ店員に近い役割を担うようになったのが、この頃からだといえよう。

1940年代になると、新聞記事内で人間マネキンと人形マネキンを使い分け、後者を指す場合はマネキン人形と表記し始めるようになった。この共存は1970年代まで続くが、1980年代になると人間マネキンを指してマネキンということはほとんどなくなり、紙面上ではマネキン＝人形マネキンという認識が定着したように見受けられた。

人間マネキンのターニングポイントとなったのは、やはり1932年に人形マネキンが大量生産できるようになったことだろう。それ以前は、人形マネキンが珍しい職業であるために華々しく紹介される記事が多かったが、以降はスキャンダルが頻繁に取り上げられ、人間マネキンにたいするマイナスイメージがつくような記事が散見された。たとえば、心中（1933年12月5日夕刊「尖端的心中 棺の中に相抱きガスをひいて絶命 自ら盛花、写真まで供え マネキン嬢と店員」）や生活苦による自殺（1953年11月23日夕刊「マネキン服毒自殺 生活苦」）、他殺（1960年4月20日夕刊「少年、マネキンを殺す 借金をことわられて」）などが挙げられる。

また、人間マネキンの給料の下落は、人間マネキンよりも人形マネキンのほうが安価で使い回しが利くことから生じた問題であろう。そんな人形マネキンとの差異化を図るために役割を変容させたものの、

給料に見合わない役割（接客にともなう感情労働）が付加されたことによって人間マネキンの職が減少し、生活苦で自殺を図る人間マネキンが出てしまったともここから推察できる。

４．まとめ：意味の変化は時代の変化と並走する

　日本における「マネキン」は、1930年代まで人間マネキン——若い女性の職業——として認知されていたが、次第に「マネキン」は人形マネキンを意味するようになり、1980年代には認識が逆転していったことが新聞記事から明らかになった。これが何を意味するかというと、容姿を武器にした若い女性の職業の華やかさの裏にある問題——低賃金労働、代替可能性——であり、見過ごすことはできない問題であろう。

　本稿では、辞典にさらりと書かれている言葉の意味変化を新聞記事から追ってみた。その結果、人間マネキンの栄枯盛衰——当時の若い女性の労働における陰と陽——が垣間見えたと同時に、「マネキン」を論じる際の新たな視点を浮かび上がらせることができた。

文献
平芳裕子（2018）『まなざしの装置 ファッションと近代アメリカ』青土社
「聞蔵Ⅱビジュアル」『聞蔵Ⅱ』
https://database.asahi.com/index.shtml（最終閲覧日：2019年5月2日）

マネキンという日常生活で何気なく用いる言葉について、その用法の変遷を新聞で追うことで社会文化的背景の変化が見えてきた。人形マネキン・人間マネキンという区別によって、「労働者としての人間マネキン」という特性だけでなく、ヒトとモノとの関わりの歴史が浮き彫りになっていた。「マネキン」とは、そのルックスと不可分の存在である。人形マネキン・人間マネキンそれぞれの外観の変遷を写真を用いて照らし合わせることで、本稿の知見がより深化されるだろう。

7

メディアからみるesportsの人気
——日本経済新聞の記事検索を通して

松本美優（近畿大学 総合文化研究科 大学院生）

1．はじめに

　今回のテーマであるesportsとは、「「エレクトロニック・スポーツ」の略で、広義には、電子機器を用いて行う娯楽、競技、スポーツ全般を指す言葉であり、コンピュータゲーム、ビデオゲームを使った対戦をスポーツ競技として捉える際の名称」である（一般社団法人日本eスポーツ連合オフィシャルサイト，2018）。PCや家庭用ゲーム機、スマートフォンなどを用いて気軽に楽しむことができ、人気が高まっている。

2．目的と方法

　2018年は、「esports元年」と称されることがある。日本でもesportsという言葉が浸透するようになったことからだ。CyberZ社が10代から60代の男女1,200名を対象に行ったesports認知度調査によると、2017年では、全体で26％がesportsを知っていると回答したが、2018年には、49.8％が知っているという結果が出ている。今回は、esportsが日本でどのように浸透していったのかを調べるべく、1989年から2020年11月現在までの「esports」と「eスポーツ」という言葉の掲載頻度に注目する。そこで、日本最大の経済新聞である日本経済新聞の記事データベース「日経テレコン」を用いてesportsに関する記事を検索した。

3．結果

　「esports」をキーワードに検索すると177件であったが、「eスポーツ」では1637件の記事数がヒットした。「eスポーツ」で検索してヒットした1637件のうち、2017年は110件だった記事数が2018年になると425件と大幅に増加していた。その後2019年は515件、2020年は本調査日である2020年11月19日時点ですでに449件の記事があった。

年	eスポーツ	esports	年	eスポーツ	esports
1989	1	0	2008	2	1
1990	1	0	2009	2	1
1996	2	0	2010	0	4
1997	2	0	2011	2	28
1998	2	0	2012	5	12
1999	0	2	2013	6	1
2000	2	1	2014	4	0
2001	2	2	2015	33	6
2002	3	0	2016	57	16
2003	3	0	2017	110	14
2004	0	0	2018	425	20
2005	1	0	2019	515	38
2006	2	0	2020	449	28
2007	6	3	合計	1637件	177件

表1：日本経済新聞 記事数推移（2020年11月19日時点での数値）

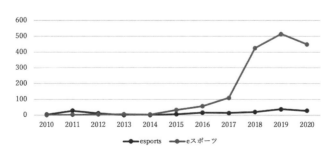

図1：日本経済新聞 記事数推移（2010〜2020年）

ゲームイベントや大会に関する記事が出始めたのは2018年頃だということがわかった。ほかには、企業のesports業界への参入や業務提携、ゲーミングデバイス発売に関する記事が占めていた。2018年以前は、モニターやキーボード、マウスなどのゲーミングデバイスに関する記事が多くみられた。記事数からもわかるように、世界的にメジャーとなっている「esports」という表現よりも、日本では「eスポーツ」という標記が浸透していることが明らかとなった。

　「eスポーツ」と検索し、最初に出てきた記事は1989年、メルセデス・ベンツ日本が発表した車、「190Eスポーツライン」に関する記事だった。本記事で取り上げる意味での「eスポーツ」に関する記事が登場したのは2002年、バトルトップジャパン（BTJ）によるオンラインゲームでのマッチングサービスについてである。これは、ゲームの相手を探し、楽しむために開発されたサービスで、このときはまだオンラインゲームは草創期であったが、その発展を支え、esportsをメジャーなものにしたいという思いから作られたものだったそうだ。「esports」と検索した場合でも、初めの記事は全く違う使われ方をしたものだった。こちらは1999年、スポーツ用品専門店ヒマラヤが始めた、インターネットを利用したスポーツ用品の販売サイト「eSPORTS」に関するものである。「eラーニング」など、インターネット上でという意味で「electronic」の略として「e」が使われることがある。ここでの「e」も同様の使われ方をしていると考えられる。

　2017年から徐々にesportsに関連した記事の掲載が増加し、2018年にはその数は「esports」と「eスポーツ」の両方の検索結果を合わせて445件と、2019年には553件と急増していることがわかった。

4．考察とまとめ

　今回の調査により、2017年から2019年にかけて記事数の大幅な増加が明らかとなった。esports認知度とも関連していること思われる。特に認知度が上昇しているのは40代の女性で、これは10代から20代の男女への知名度が上がったことにより、その親世代へと認知が広まったと推測される。さらに、2018年の茨城国体でesportsが正式種目とし

て採用されたり、一般社団法人日本eスポーツ連合が設立されたりと、存在が身近になっていることから、メディアで取り扱われる頻度が増加し、認知度上昇へ繋がったとみられる。今回は「日経テレコン」のみを用いたが、他紙についても同様の変化が見られるのかを今後調査したい。

文献

「一般社団法人日本eスポーツ連合オフィシャルサイト」https://jesu.or.jp/（最終閲覧：2021-02-24）

『CyberZ』「CyberZ、10〜60代男女1,200名に「eスポーツ」認知度調査を実施。全体49.8%が「eスポーツ」を認知、前年比較で約2倍の急激な認知率向上。〜10〜20代の認知率は約8割の結果に。約53%がテレビやネット等で視聴経験あり〜」https://cyber-z.co.jp/news/research/2018/0913_6648.html（最終閲覧：2021-02-24）

『PR TIMES』「CyberZ、10〜60代1,200名に「eスポーツ」ユーザー認知調査を実施「eスポーツ」の認知率は、過去半年で急増、10代・20代は約半数に。10代男性の、2人に1人はeスポーツを「スポーツ」と認識！」https://prtimes.jp/main/html/rd/p/000000137.000006792.html（最終閲覧：2021-02-24）

> メディアによってそれぞれに特性が異なるので、雑誌やSNS等、新聞以外のメディアにおけるesportsという言葉の使用頻度についても分析するとより議論が深められるだろう。

┃**コラム⑤　題材／視点を分けて考える**

　意識すべきは、「題材」と「視点」の区別です。本書の目次をみてみると、そこには様々な「題材」が並んでいます（アイアンマン、初音ミク、住み開き…これらは分析の対象となる、具体的な作品や事象です）。他方、そこには様々な「視点」が並んでいます（「メディアからみる」「ジェンダーの視点から」「コミュニケーションとしての」…これらは対象を分析するうえで必要な、より抽象度の高い、学問的視点や解釈枠組みです）。私たちは、たとえば〈2.5次元ミュージカル〉という題材を、〈ジェンダー論〉の視点から論じることもできるでしょうし、〈記号論〉の視点から論じることもできるでしょう。何をどう論じるか――それらの組み合わせが重要なのです。（松本）

8

ジェンダーの視点から
ゲームキャラクターを分析する
―――『ドラゴンクエストⅡ』の登場人物を対象として

秦美香子（花園大学 文学部 教授）

1．本稿の問題関心

　本稿では、「ドラゴンクエスト（以下、ドラクエ）Ⅱ」に登場する女性を分析する。

　サレンとジマーマンによれば、電子ゲームの女性登場人物が変化したきっかけは「トゥームレイダー」（1996年第1作発表。現在、スクウェア・エニックス発売）のララ・クロフトだった。それ以前は女性が「受け身の状態に置かれた欲求の対象、つまり、プレイヤーがクリアを目指すように目の前にぶらさげるニンジン」として描かれていたのに対し、ララはほとんど初の「いろんな男の主人公と同様に、相手を簡単にやっつける力強い」女性主人公だった（サレン、ジマーマン 2013：510）。

　1996年以前のゲームに、敵を倒す強い女性がまったく描かれなかったわけではない。たとえば「ドラクエⅢ」（1988年）では、主人公の性別はプレイヤーが決めることができた。前作の「ドラクエⅡ」も、リンダ（オリジナル版では名前はない）という女性が主人公とともに敵と闘う。しかし先行研究では、「ドラクエ」はジェンダーに関して「ダブルスタンダード」な世界で、「闘いに疲れた男を癒やす女という構図」があるとされる（ひこ・田中 2001：242）。つまり、リンダは戦闘に参加してはいても「力強いキャラクター」ではないことが考えられる。そこで本稿では、リンダは本当に力強くないのかということを実証的に検討することを目的とする。

2．対象と方法

　分析対象は「ドラクエⅡ　悪霊の神々」（1987年、スクウェア・エニックス）のiOS版である。

　データは、作品をプレイしながら（1）ジェンダー描写に関して気付いた点、（2）武器や防具などの装備と、キャラクターが習得する魔法、（3）主人公の勇者（男性）、勇者と共に冒険するサマルトリア王子（カイン）、ローレシア王女（リンダ）の能力（力［武器による攻撃の強さに関わる］、素早さ［戦闘中に動作を行う順番に関わる］、身の守り［守備に関わる］、最大HP［生命力のようなもの］、最大MP［魔法を使用できる回数に関わる］）の、最高レベル（50、経験値100,0000）までの値の変動を、ノートに書きとるという方法で収集し、得られたデータを登場人物間で比較した。

　各能力値は、レベル上昇に伴って増大するが、増え方は一定ではない。レベルは戦闘に勝利すれば獲得できる経験値によって段階的に上昇するが、上昇に必要な経験値数も一定ではない。

　なお、作品には「やくそう」などのアイテムが登場するが、アイテムはジェンダーによって使用方法が変わるといったことはなかったため省略した。

3．結果と考察

	カイン（対主人公）	リンダ（対主人公）	リンダ（対カイン）
力	76%	28%	37%
素早さ	122%	212%	175%
身の守り	93%	143%	149%
最大HP	84%	82%	98%
最大MP	-　（主人公=0）		158%

表1：同一レベルの値で比較した際の対主人公比およびリンダ対カインの比率の平均値

	主人公	カイン	リンダ
回復魔法	0	4	4
移動に関わる魔法	0	3	3
攻撃魔法	0	3	2
味方を強化する魔法	0	1	0
敵の状態を変化させる魔法	0	2	4

表2：各キャラクターが習得する魔法の数（数が同一でも内容は異なる）

	主人公	カイン	リンダ
武器（全15種類）	15(100%)	11(73%)	3(20%)
防具（全18種類）	18(100%)	10(56%)	4(22%)

表3：武器や防具などの装備品

　結果は表1〜3の通りである。表1から、主人公は「力」が強いため武器を使用した攻撃に優れている半面、魔法を使用できないこと、リンダは素早く動作ができ、魔法を多く使用できる半面、武器による攻撃力がきわめて弱いこと、カインには際立った特徴がないことがわかる。なお、主人公とカインのレベル差は2〜3、主人公とリンダのレベル差は6〜7程度ある。レベルの差は徐々に縮まるよう設定されているものの、3人のレベルは48程度になるまで一致しないため、3人の能力値の差は実際のプレイではより大きくなる。

　表2からは、カインとリンダの魔法の数には差があまりないことがわかる。しかし、リンダは強力な「イオナズン」が使えるのに対し、カインが覚える最も強い攻撃魔法は自身を犠牲にして相手を全滅させる「メガンテ」であり、それ以外の魔法はリンダより弱い。つまり、魔法を使用して攻撃するという点では、リンダはカインよりも優れている。

　表3からは、リンダが装備できる武器や防具の種類が極めて少ないことがわかる。これは、リンダが剣や鎧を装備できない半面、入手できる装備品には剣や鎧が多いためである。とくに剣はゲームの中で重要なモチーフとされることが多く（湯地・森 1995）、剣を持てない存在は周縁的な存在と見なされやすいことが推測できる。リンダが剣を装備できない魔法使いであることで、リンダは「力強い」キャラクター

とはみなされにくいと考えられる。

4．まとめ

　リンダは、非力で装備も制限されており、確かに「力強く」なかった。しかし、単に無力なのではなく、長所（強力な魔法）と短所（武器による攻撃が弱い）が明確なキャラクターであった。

　魔法による攻撃はMPを消費するため、毎回の戦闘で魔法を乱発することは難しい。この点から、リンダが強力なイオナズンを使えても、武器で攻撃できないため結局は無力だと見ることは不可能ではない。しかし、主人公の仲間に、武器で攻撃する者だけでなく、極めて強力であるが毎度は使えない魔法を使用する者もいることで、ゲームプレイをより複雑で面白いものにしていると考えることもできる。そこに「女性は腕力が男性よりも劣る」などといった作り手のジェンダー観が入り込んでいることは間違いないように思われるとはいえ、キャラクターのジェンダー分析はより多角的に行われる必要があることを本稿では示した。

文献

Consalvo, Mia, and Dutton, Nathan, "Game analysis: Developing a methodological toolkit for the qualitative study of games," Game Studies 6(1), http://gamestudies.org/06010601/articles/consalvo_dutton（最終閲覧日：2020年5月11日）

サレン、ケイティ＆ジマーマン、エリック（著）／山本貴光（訳）(2013)『ルールズ・オブ・プレイ　ゲームデザインの基礎』ソフトバンククリエイティブ株式会社

ユール、イェスパー（著）／松永伸司（訳）(2016)『ハーフリアル』ニューゲームズオーダー

小山友介(2020)『日本デジタルゲーム産業史［増補改訂版］』人文書院

秦美香子(2019)「プレイヤーキャラクターをジェンダーの視点から見る——ドラゴンクエスト』と『Final Fantasy』の事例から」松井広志、井口貴紀、大石真澄、秦美香子（編）『多元化するゲーム文化と社会』ニューゲームズオーダー、pp.189-206

ひこ・田中(2001)「冒険物語の中の男の子たち」斎藤美奈子（編）『男女という制度』岩波書店、pp. 231-261

湯地広樹・森楙(1995)「コンピュータゲームにおけるジェンダーと暴力」『子ども社会研究』1、pp. 93-104

本稿では「ドラゴンクエストⅡ」が分析されていて、キャラクターの能力値の配分に製作者側のジェンダー観が反映されていることがわかった。2010年代の新しいゲームにもそうした点がみられるのかが気になった。

ドラゴンクエストの装備の中で、女性キャラクターだけが着用可能なものがある。そうした要素も加えると、より詳細な比較ができるかもしれない。

▌コラム⑥　問いを問う、問いを組織化する

　立てるべき問いは、なにも1つに限定する必要はありません。ある題材に対して、可能な限りたくさんの問いを案出してみる、というのもおすすめです。たとえば「現代文化におけるハローキティの役割」に着眼して、その題材をもとに研究を構想するとしましょう。あなたはこれに対して、様々な角度から「問い」を投げかけることができます——「なぜ、キティは海外でも人気なのか」「なぜ、キティは子供たちだけでなく、一部の大人たちにも人気なのか」「なぜ、キティはお土産物や乗り物などを含め、様々なモノに描かれるのか」「なぜ、キティの顔には口がないのか」「なぜ、サンリオピューロランドには、キティが描かれたフォトスポットが数多く設置されているのか」「キティを愛好するファンたちの文化は、これからどう変容していくのだろうか」。

　むろん以上には、様々なレベルの問いが含まれています。そのなかには、大きい問いもあれば、小さい問いもあります。また、先行研究を参照することで容易に解決できる問いもあれば、そもそも解決することが困難な問いもあります（上記のうち、いちばん最初の問いに関しては、日本国内でのデータ収集には限界があるので、じつは卒論のテーマとしては適さないかもしれません。あるいは、いちばん最後の問いに関しては、未来を対象とする限りにおいて検証不能だといえるでしょう）。ここで重要なのは、いったん設定した「問い」を問いなおす、すなわち「問いを問う」という試みです。つまり列挙した問いを吟味したり、取捨選択したり、整理したりする作業が不可欠となるのです。

「問いを問う」ためには、ひとりで悶々と考えるのではなく、友人たちと議論してみるのも一案かもしれません。自分が立てた「問い」は、はたして検証可能なのか、研究上有効に機能するのかなど、誰かとグループでディスカッションをしてみる、すなわち他者の眼に晒してみることで、思わぬ指摘や有意義な発見が得られることもあるでしょう。ちなみに本書の目次をみてみると、「1　近年の漫才は動きが多い傾向にあるのか」「2　〈怪異〉と遊ぶとどうなるのか」「3　アイアンマンは民衆たちのヒーローとなっていたか」などと、疑問文のかたちをとったタイトルの論考が少なからず含まれていることに気づくはずです。そして本書ではそれら各論考に対して、一定の「問い」にもとづく様々なコメントが寄せられています。つまり書籍のなかに「問いを問う」ための仕掛けが組み込まれているわけです。

　付言しておくと、1つの題材に対して列挙した複数の問いを組み合わせてみると、それはそれで新たな発見が得られることもあります。上記にあげた問いに関連していえば、じっさいキティは化粧品などとのコラボで知られていますし、もはや子供向けのキャラクターとは言い切れなくなっています。またキティは口のないシンプルな表情で、人びとが勝手に自らの感情を投影しうるデザインになっています。背景に固定的なストーリーがなく、解釈に必要なコードが介在しないために、そのイメージは海外でも流通しやすいといわれています。そんなキティ受容の実態を勘案するならば、じつは上記にあげたいくつかの問いは、相互にまったく無関係とは言い切れないのです。ともあれ、いったん列挙してみた問いのうち、複数の問いを組み合わせて吟味し、その関係を組織化してみる──それも新たな視点を構想するためのコツとしては有効なのです。（松本）

9

クレーンゲームを都市の
メディアコンテンツの視点から
分析する

ボトス・ブノワ（中央大学大学院 文学研究科情報学専攻 後期博士課程3年）

1．本稿の背景と問題関心

　記録が残っている最も古いクレーンゲームはタイトーやサミーという日本の会社の機器で、これらは1965年に発売され（石井 2017）、当初は他の娯楽機器（ピンボール、メダルゲーム等）と同様に、ボーリング場や映画館、百貨店など併設型ゲームコーナーに設置されていた（川崎 2012）。

　1970年代以降、娯楽機器を専門とする新たな店舗形態が現われて、クレーンゲームはメダルゲームと、新しく発売されたビデオゲームと並んでゲームセンターに設置されるようになった。ちなみに、クレーンゲームはアミューズメント業界の初期から存在しているが、ブームになり始めたのは1980年代後半からである。その理由として、機器の大型化とメディアミックス産業の浸透に伴って、マンガとアニメのキャラクターの景品が広く提供されるようになり、客層が広がったことが挙げられる（加藤 2011：石井 2017）。すなわち、提供されるクレーンゲームの景品内容が多様化すると共に、ユーザー層も多様化したということである。

　先行研究では、クレーンゲームで提供される景品の内容が3つの時期に分けられている。1960年代後半はお菓子やタバコという小型で安いものが景品にされていた。1980年代後半から、クレーンゲーム機の大型化に伴い、大きいものを景品にすることが可能になった。そして、1990年代以降にマンガやアニメのキャラクターに関連した景品が普及

し始めた（加藤 2011：石井 2017）。景品がメディアミックス産業の一つ
になったため、クレーンゲームの人気が持続してきたと解釈すること
もできる。

　しかし、メディアミックス産業はアニメ、マンガ、ゲームなどとい
う多元的なコンテンツを含んでいるので、具体的にどのようなコンテ
ンツを提供しているのかという点を明らかにすることで、クレーンゲ
ームの現状がさらに理解できるだろう。また、クレーンゲームについ
てのデータは少ないため、基本情報（機器の種類、景品の内容など）を揃
える必要があり、そういう情報を収集するための調査を行うべきであ
ると考えられた。ここでは、クレーンゲームの景品が具体的にどのよ
うなコンテンツ（キャラクター）を採用しているのかについて明らかに
する。

３．調査の対象と方法

　このような課題を設定し、筆者は2017年12月から2018年1月まで、
東京周辺のゲームセンター20軒でクレーンゲームとそのユーザーに関
する調査を行った。調査対象はクレーンゲームの景品である。都市の
エリア間で調査結果に差があることを想定し、池袋や秋葉原のような
都心の盛り場と、都心から離れたショッピングモールを含むパネルを
作った。コンテンツのデータは、クレーンゲームのなかに設置される
景品についてのデータである。データの整理法は、景品を種類分けし
て、数の多い順に並べた形になっている。景品をこのように種類分け
して、クレーンゲームは具体的にいかなるコンテンツなのかを明らか
にするだけではなく、コンテンツの視点からクレーンゲームの特色を
引き出すことを意図している。

４．結果

　まずは景品の種類について述べる。前述したように、クレーンゲー
ム機の大型化に伴って景品のサイズを調整することが可能になった。
それにより、大きいぬいぐるみ景品のブームが起こってきたことが指

摘されている（石井 2017）。景品には、ぬいぐるみに加えて、フィギュア、他のグッズ（ぬいぐるみとフィギュア以外）、お菓子という種類があり、本調査ではその４つのカテゴリーで景品を分類した。

　次は景品のコンテンツに注目する。これまでメディアミックスやキャラクターという言葉を使ってきたが、これらの言葉は本稿では具体的に何を意味するのかについて説明しておきたい。本調査で注目したのは、景品が採用しているキャラクターの作品やシリーズである。データはクレーンゲーム機で提供されている景品のキャラクター別に作成した。まず、本調査に基づくと、キャラクターを採用した景品がクレーンゲーム機の83％で提供されていることがわかる。作品やシリーズの数は合計で88種類にも達するが、この作品やシリーズに基づいて景品のコンテンツを３つのカテゴリーに分けることができる。まず、「ポケットモンスター」「ディズニー」または「ミニオンズ」などの、家族や子供などを対象とした、いわゆる大衆向けの作品で最も多いことがわかる。次に、「Fate」シリーズと「ラブライブ」シリーズなどは、ディズニーなどより、女性キャラクターを採用した景品が多い、特殊なユーザー層向けの作品である。最後に注目したいのは、「刀剣乱舞」と「アイドリッシュセブン」という作品である。このような作品も、男性キャラクターを中心にした、特殊なユーザー層を対象にしている作品である。まとめると、景品のトップ作品は、大衆向けのコンテンツ、女性キャラクター中心のコンテンツ、男性キャラクター中心のコンテンツという３つのカテゴリーに分けられる。

　しかし、この３つのカテゴリーの作品は調査対象のゲームセンターすべてで同様に提供されているわけではない。ゲームセンターがあるエリアによって景品のコンテンツは異なり、そのエリアで人気のメディアコンテンツの特色がはっきりと現われている。調査対象のエリアとして池袋と秋葉原を含んでいるのは、もちろん特殊なコンテンツを愛好するユーザーが集まっているという事実があるからである。池袋は「乙女ロード」というBL（ボーイズラブ）などの女性向けコンテンツを中心に取り扱う店舗が集まっている街として知られている（長田・鈴木 2009；Ernest dit Alban 2016）。秋葉原は、1990年代後半から電気街からオタク系コンテンツのメッカへと変身し、萌えキャラクターや美少

女キャラクターを愛好するユーザーが集う街となった（森川 2008）。池袋と秋葉原にあるゲームセンターのクレーンゲームのコンテンツを比較したものを表に示す。このエリアの特色は、景品の種類と、景品に採用されている作品にあらわれている。景品の種類を見ると、池袋のゲームセンターでは他のグッズが44％で最も多く、秋葉原ではフィギュアが40％で最も多いということがわかる。それに加えて、景品に採用されている作品にも差異がある。表では、池袋と秋葉原のゲームセンターに設置されているクレーンゲームの景品コンテンツを「男性キャラクター」と「女性キャラクター」に区別した。結果として、池袋では男性キャラクターが多いのに対して、秋葉原では女性キャラクターの景品が多くを占めていることがわかった。つまり、池袋のゲームセンターでは、男性キャラクターを採用しているグッズの景品が多く、秋葉原のゲームセンターでは女性キャラクターを採用しているフィギュアの景品が多いという特色があると言える。

セガ 池袋 GiGO

景品	機数	％
他のグッズ	88	44%
ぬいぐるみ	62	31%
フィギュア	48	24%
合計	198	

	機数	％
ライセンスキャラクター景品	156	91%
一般景品	15	9%

作品・シリーズ	機数
ラブライブ ●	17
ポケットモンスター	10
僕のヒーローアカデミア ▲	9
アイドリッシュセブン ▲	9
Fate ●	8
スターウォーズ	8
ディズニー	7
ワンピース	7
アンサンブルスターズ ▲	7
刀剣乱舞	6
Re:zero ●	6
ドラゴンボール	5
アイドルマスターSideM ▲	5
A3 ▲	5
ソードアートオンライン ●	5
おそ松さん	4
鬼灯の冷徹	3
ナルト	3
黒子のバスケ ▲	3
ファイナルファンタジーシリーズ	3

セガ 秋葉原 1号館

景品	機数	％
フィギュア	47	40%
他のグッズ	43	37%
ぬいぐるみ	27	23%
合計	117	

	機数	％
ライセンスキャラクター景品	83	97%
一般景品	3	4%

作品・シリーズ	機数
Re:zero ●	12
ラブライブ ●	10
Fate ●	9
アイドルマスター ●	6
ご注文はうさぎですか ●	6
艦隊これくしょん ●	5
ポケットモンスター	4
ソードアートオンライン ●	4
けものフレンズ ●	4
ワンピース	4
ガールズ＆パンツァー ●	3
初音ミク	2
ドラゴンボール	2
PopTeamEpic	2
BangDream ●	2
カービィ	2
うたわれるもの ●	2
スターウォーズ	2

女子キャラクター作品 ●
男性キャラクター作品 ▲

5．結論と講評

　要するに、クレーンゲームはメディアミックス産業の一つになった
ことに加えて、各都市エリアで人気のメディアコンテンツの特徴に対
応していると言える。しかし、このような都市エリアによる差異は、
池袋や秋葉原のようなメディアコンテンツの特色が強い街にだけ現れ
るわけではない。クレーンゲームがエリアの状況に対応するというこ
とは、周辺にある他の施設とその利用者に合わせるということである。
例えば、家族連れや子供連れの客が多く訪れるショッピングモールの
ゲームセンターを調査すると、子供向けの景品が都心の駅前にあるゲ
ームセンターより多く提供されているという結果が出た。

文献

Ernest dit Alban, Edmont,(2016) "Otaku Pedestrians in Tokyo: Fan Consumption and Urban Politics of "Visuality"", The Asian Conference on Cultural Studies 2016, Accessed June 27, 2018, http://25qt511nswfi49iayd31ch80-wpengine.netdnassl.com/wp-content/uploads/papers/accs2016/ACCS2016_26831.pdf

石井ぜんじ(2017)『ゲームセンタークロニクル』Standards

長田進、鈴木彩乃(2009)「都市におけるオタク文化の位置付け　秋葉原と池袋を舞台とする比較研究」『慶応義塾大学日吉紀要 社会科学』(20)、43-72頁

加藤浩康(2011)「ゲームセンター文化論　メディア社会のコミュニケーション』新泉社、94-96頁

川崎寧生(2012)「ゲームセンターの店舗形態別研究の必要性　先行研究及び二次資料中心に」『Core Ethics』Vol.8、立命館大学大学院生先端総合学術研究科紀要、473-482頁

森川嘉一朗(2008)『趣都の誕生　萌える都市アキハバラ　増補版』幻冬舎文庫

本稿から、クレーンゲームや、それがあるゲームセンター
は、コンテンツと場所、そして人をつなぐ結節点になって
いるという印象を受けた。クレーンゲームを介して、コン
テンツ生産者と消費者、あるいは消費者同士のコミュニ
ケーションが生じていると考えられる。クレーンゲームに
おいてどのようなコンテンツが採用されているかという本
稿に加え、その場ではどのような人が、どのようにクレー
ンゲームを楽しんでいるかを観察することで、リアリティ
を持った新たな知見が生まれるのではないかと感じた。

▌コラム⑦　他者の言説を前提として「問いにこたえる」

　重要なことは、研究が「問いを立てること」と「問いにこたえること」という2つのステップにより構成される、という点です。ようするに、自分で抱いた疑問を自分で解決するプロセスこそが研究になるのです。「問いにこたえること」には「調査→分析→執筆」というステップが含まれますが、本コラムではその大前提となる、先行研究を参照することの意義を考えてみましょう。

　大学で書くレポートや卒論は、みなさんが小学校や中学校で書かされた「感想文」とは決定的な相違点があります。感想文とはその名のとおり、書き手が感じたことや思ったことを「感想」として書き連ねるものです。これに対して大学でのレポートや卒論などで書く文章は、聞いた講義の内容をベースとするにしても、読んだ書籍の内容をベースとするにしても、他者が紡いだ言説をふまえて、それとの緊張関係のもとで展開される必要があるのです。つまり感想文のような「ひとりごと」、主観的な印象論の垂れ流しであってはいけないのです。

　あなたが選んだ題材は、先人たちがすでにそれに関する考察・分析を展開し、論文などのかたちでその成果を積みあげてきた可能性があります。ですので、あなたは「問いを立てる」にあたって、まず題材と視点についての「先行研究」を調べ、それらのなかで何が語られているのかを精査する必要があります。むろん先行研究には、あなたと近い見解を含むものもあれば、そうでないものもあるでしょう。では、両者の何が類似していて、何が相違しているのでしょうか。あるいは、それを踏まえたうえで提起可能な、あなた自身のオリジナルな「視点」とは何でしょうか。研究に際しては、先行研究を事前にリサーチしておくことによって、他者が紡いだ言説に対して、自分の主張がどのような位置にあるのか、あらかじめマッピングしておく必要があるのです。

　さきほど申し上げたとおり、大学で書くレポートや卒論は、あなたの主観的な感想を発表する場ではありません。そうではなく、他者が産出した既存の言説を事前に精査・分類し、それと緊張関係のなかで自らの「発見」を言説として組みあげていく──そのようなプロセスが重要となるのです。（松本）

10

初音ミクは三角測量の夢をみるか
—— 先行研究をもとに、アンケートで、表象を調べる

谷川嘉浩 （京都市立芸術大学 美術学部 特任講師）

1．研究の確からしさと三角測量

　単なる思いつきは研究ではない。確からしさが必要だからだ。確からしさを高める一つのやり方として、調査手法などを複数化する「三角測量(triangulation)」という提案がある（Denzin 1989, 237; フリック 2011, 541-53）。1．時間・場所・人物などを変えてデータを複数化する；2．調査者を複数化する；3．分析手法を複数化する；4．方法論を複数化する、というのがそのやり方である。「三角測量」は、複数人からなる中長期的な共同研究を主に想定しており、ここでは、先行研究に掉さすことで、その雰囲気を味わってみよう。

2．初音ミクの先行研究

　私は過去にボーカロイド（以下、ボカロと略す）の表象（＝イメージ）を論じたことがある（谷川 2019）。インタビューや同人誌などの分析で、次のことを示した。ボカロは、「楽器」「ソフト」のような《道具的表象》と「キャラ」「アイドル」のような《人格的表象》という二重性があることで知られ、その二重表象がボカロのメジャー化に寄与したものの、メジャー化の完了が広く共有された2014年頃を境に、ボカロ言説の統一性は失われた。以上が論考のあらましである。

　一方で、専門科目の授業（奈良県立大学「メディア産業論」同志社女子大学「メディア社会学」）で、18-23歳の学生にボカロに関する質問紙調査

を行い、それぞれ40件と119件（計159件）のデータを集めることができた（2018年4月23日）。これを上の知見に照らし合わせよう。

3．何に注目し、どう「使える」データにするのか

　前回の研究は、最初期から2014年前後を対象にボカロファンの言説を扱ったのに対して、今回は、2018年にファンと非ファンの両方からデータを収集した。ファンや作り手などボカロをよく知る人々の言説を扱った前回の研究（谷川 2019）との整合性を保つべく、ボカロへの慣れ親しみを聞いた項目で「aよく知っている」「bやや知っている」「cあまり知らないが聞いたことはある」「d全く知らないし聞いたこともない」のa, bを選んだ人だのデータに絞ることにした（a＝34、b＝54の計88件）。

　ここではボカロ理解を訊いた「ボーカロイドを知らない人に対して、「ボーカロイド」をどのように説明しますか？ 自由に書いてください」という自由記述に注目する（有効回答75件）。ややまわりくどい表現で質問にしたのは、対外的な（いわば「よそゆき」の）説明を要求することで、曖昧な言語化以上の形でボカロイメージを表現してもらえると考えたからだ。

　自由記述を数えられるデータに変換すべく、前回の研究をもとに解釈規則を作成し、該当するものをごく機械的に数え上げた（1と2は排他的で、両方をみたすものはこれらに数えず3として扱っている）。

　　1．《道具的表象》：技術目線
「楽器」「道具」「ソフト」「技術」「機械」などの道具的な言葉、「歌わせる」「動かす」などの使役的な表現、創作者などが主語でボカロを目的語にとる文章。
　　2．《人格的表象》：キャラ目線
「人」「キャラクター」「アイドル」「歌手」などの人格を連想させる言葉。「歌う」「踊る」などの通常は人を主語に取る形の表現。
　　3．《二重の表象》：両立
　1と2が共存する表現。アンドロイドなど、技術的視線と人格的想

像力が交差する単語。

４．正統的ボカロ表象としての「初音ミクは楽器でキャラ」

　それぞれ34件・13件・20件が該当した。上に一切該当しないものや、該当するがそれ以外の内容を含むものなど、《その他》に割り当てられるべきデータもある。しかし、75件の約89％が上の3つに回収され、「対外」的な説明を求める質問項目であることを考慮すれば、上の3つは、「標準」ないし「正統」的なボカロ表象として、現在も根強く残っている可能性がある。また、ファンは技術的側面を含む形でボカロを捉える傾向にある可能性が暗示されている。

　上の回答と、ボカロ作品に接する頻度の項目を照合すると、「aほぼ毎日」「b数日に1回」「c月に数回」「dほぼ接しない」のa, bを選んだのは、《道具的表象》では13人（約38％）、《人格的表象》では3人（約23％）、《二重の表象》では14人（70％）である。ここから、ボカロに高頻度で接するほど多様な作品や言説に行き遭うので、《二重の表象》という多面的なボカロ理解に至りやすいのだと推定される。

　では、《その他》はどうか。大半は、曲やボカロの名前を挙げる／聴いてみて！と言う／ボカロが可能にした創作・聴取環境の変化に言及するなどである。これらは表象というより文化の説明法のバリエーションだと考えられる。

　それ以外の《その他》の回答を検討しよう。「３次元のアイドル」と対比して、ボカロは声質・曲調・音楽ジャンルにおいて高い多様性があると語る文章があった。ボカロは圧倒的な量的多数性があるという点で、物理的に制約のある人間のアイドルとは質的に違うと主張しているのだ。さらに、「機械で歌う。歌えないけど、歌を作ることができる」と語る文章があった。これは、前回の研究でも扱った特異なボカロイメージ、つまり、ある作り手が「歌わないシンガーソングライター」としてボカロを自身と一致させたことを思わせる（谷川 2019）。

　ただし、詳しいデータ解析をしていないため、ここまで読み取ってきた事柄がボカロファン全体（母集団）に当てはまると述べることは厳密さに欠けている。十分解析していない現状では、あくまでも「そう

いう可能性がありそうだ」くらいのことしか言えず、厳密には、私の質問紙に回答してくれた人にだけ当てはまる話でしかない。質的・量的問わず、社会調査を通じて確からしく語るやり方に関心のある人は、佐藤（2015）などを一瞥してほしい。

文献

佐藤郁哉(2015)『社会調査の考え方』上下巻、東京大学出版会

Denzin, N.(1989), The Research Act: A Theoretical Introduction to Sociological Methods, NY: MacGraw-Hill

谷川嘉浩(2020)「初音ミクはなぜ楽器でキャラなのか　メジャー化の夢から信頼の実験室へ」岡本健・田島悠来（編）『メディア・コンテンツ・スタディーズ　分析・考察・創造のための方法論』ナカニシヤ出版、58-71頁

フリック、ウヴェ（著）／小田博志（監訳）(2011)『新版 質的研究入門　〈人間の科学〉のための方法論』春秋社

近年、元ボカロPの歌手「米津玄師」や「ヨルシカ」、「ずっと真夜中でいいのに。」などが登場している。これらのアーティストとボカロを比較すると、作り手が歌っているかいないのか、という大きな違いがあると思う。また、VTuberなどの作り手が顔を見せないという点では類似した現象もある。こうした様々な事例との比較を含めた研究も面白そうだと思った。

コラム⑧　研究とは何か
――「思い込みの世界」から足を踏み出すための方法論

　これまで「あたりまえ」だと思っていた常識やステレオタイプを問うこと／問いなおすことは、いわば「思考のスイッチ」として機能します。未知のことを問い、既知のことを問いなおす。物事に対する新しい視点を獲得するために、クリティカル・シンキングを駆使して何かを問い思考しつづける姿勢は、大学生にふさわしい自律的な知性を醸成するうえでも、あるいは、発見された視点をつうじて学問の世界を拡張するうえでも、とても大切なことだといえるでしょう。

　「研究とは何か」――むろんこの問いに対しては様々な回答がありうるでしょうが、筆者の考えを端的に示すなら、それは「自分が従来、そのなかにどっぷりつかって生きてきた「思い込みの世界」から一歩抜け出して、自分の世界を知的に拡張していく」という、そんな営為として表現できるかもしれません。研究をとおして様々な視点を学んで、世界の見方がまったく変わるということもありえますし、過去に積みあげられてきた研究を踏まえて、あなたがまったく新しい視点を打ち立てることだってできるのです。（松本）

第 **2** 部

質を分析する

量を見るだけでは、わからないこともたくさんあります。そんな時には、質的なアプローチが重要になります。人に話を聞く、事象や現象を観察する、記述や表現を読み解く…。それによって、人や物、場所、出来事などをつぶさに明らかに出来ます。

11

蔦屋書店における販売戦略について
——生活提案、需要力、コンシェルジュ

菊竹梨沙（近畿大学 総合社会学部 学部生）

1. はじめに

　近年、紙媒体の書籍の売り上げは減少し続けている。その要因として考えられることは、スマートフォンやタブレットなどの電子機器の普及である。端末一つで調べ物もでき、友人とのメッセージの送り合いもでき、さらに、無料コンテンツも豊富である。一昔前は電車での暇潰しや、ちょっとした空き時間に本を読む人々の姿が見受けられたが、現代ではそういった人々はごく少数であり、たいていの人が電子端末に多くの時間を費やしている。この電子端末を利用した電子書籍市場の拡大により、紙媒体の書籍の市場規模が侵食されている。更に、Amazonなどのネット通販サイトでの紙媒体の書籍の購入も多くみられるようになった。これらの影響に伴い、全国の書店の数も年々減少していっている（図1）。

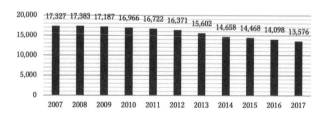

図1：書店の総店舗数
参考：『出版指標年報　2019』（全国出版協会出版科学研究所）

こうした結果からも、街の小さな本屋が減少の一途をたどっているのは確かである。しかし大型書店に関していえば、「総坪数」、つまり、「書籍を売る店の総面積」はそれほど減っていない。こうしたなかで現代社会における「書店のあり方」が議論されているが、特に「蔦屋書店」の販売戦略はその一つとして注目されている。本レポートは、「蔦屋書店」について、その販売方策とその結果についてインタビュー調査を行った結果をまとめたものである。

２．蔦屋書店について

　書籍販売だけでなく、スターバックスなどのカフェと蔦屋書店が合体した飲食事業、「蔦屋家電」と称した家電製品の卸販売事業、蔦屋書店を中核に複数の専門店が集まるライフスタイル提案型商業施設を展開するT-SITE事業など、書籍だけでなく、多方面の事業に着手している。このような多方面からの事業を進めていくうちに、「蔦屋書店」には、着々と注目が集まっている。下のグラフは、日経テレコンで1995年〜2019年現在（最終閲覧日：2019年9月11日）の「蔦屋書店」というワードが含まれた新聞の記事数をグラフにまとめたものである（図2）。
　このグラフをみて分かる通り、2012年からの注目度が大幅に上がっている。その要因として、2011年12月に代官山蔦屋書店をオープンしたことがあるように感じる。なお、2016年の記事数が多い要因は、その記事の「国内取扱書店」に蔦屋書店の名前が載っている、「NIKKEI ASIAN REVIEW」の記事が多かったため、「蔦屋書店」の特集の数とは少し異なる。

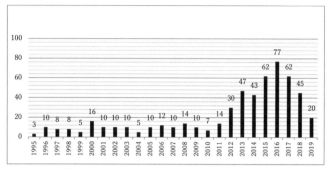

図2：「蔦屋書店」のワードが含まれた新聞の記事数（日経各紙）
参考：検索「蔦屋書店」『日経テレコン』（最終閲覧：2019年9月11日）

３．先行研究より

　以下の3点は、先行研究である『TSUTAYAの謎　増田宗昭に川島蓉子が訊く』（日経BP社）の文章の中で本稿の論点となるフレーズである。①生活提案、②「需要力」を伸ばす、③コンシェルジュ。以下では、この3つに絞って話を進めていきたいと思う。
　まず、①の「生活提案」というワードは、蔦屋書店の販売戦略を語る上で、なくてはならないキーワードである。前掲書には「"モノ"があるのではなくて、"モノ"を通じて"生活"を提案する」という文が記載されており、「生活提案」というワード、そして、この文に書かれていることが、紙媒体の書籍の売り上げが減少し続けている現代で、蔦屋書店が注目されている理由に大きく関与しているように感じる。また、蔦屋書店の本の配置は独特である。一般的な書店では、新刊コーナー、文庫本コーナー、単行本コーナーに分類されており、出版社別、あるいは著者の五十音順で本が並べられている。一方で、蔦屋書店は「生活提案」というコンセプトで、単行本や文庫本の枠を越え、例えば、「旅」というジャンルの場合、ガイドブック、その国について書かれたエッセイや小説、映画や音楽等、すべてを同じコーナーに配置する。さらには、商品（モノ）や体験（コト）を提案し、そのコーナ

ーに隣接する形で旅行代理店を設けている店舗もある。このように、本を売るだけでなく、コトの生活提案をする。この点で、ほかの書店とは一味違った、新たな販売戦略と言えるだろう。

　次に②について、前掲書では、供給が溢れている世の中で、「需要力」を上げ、わざわざ訪れたくなるような店、客に「選ばれる店」でなくてはならないという旨が書かれていた。この「需要力」を伸ばす上で鍵となるのは、やはり、上記にある「生活提案」であるようだ。

　最後に③のコンシェルジュについて、前掲書では、「レコメンデーションする機能」を担うのがコンシェルジュの役割とされている。モノが多すぎて、何をどこから選んで良いのかがわからない。そんな現代の世の中だからこそ、店側が、積極的に生活提案を行わなければならない。その際に「価値のあるものを探し出し、選んで提案してくれること＝提案力」が求められる。その機能こそがコンシェルジュであるとされている。

４．インタビューより

　2019年8月31日に梅田 蔦屋書店において、梅田 蔦屋書店の企画本部に所属している三砂慶明氏と日高奈緒美氏にインタビューのご協力をいただいた。

　蔦屋書店の販売戦略について、詳しく話を聞いた所、上記の①、②、③について、新たなことが分かった。以下がインタビュー結果である。

①生活提案について

　販売戦略の一番の軸となっているのは「生活提案」であるということが三砂氏の話から分かった。短期的な売り上げだけを追求するのではなく、「時代と共に変化するライフスタイルの生活提案をする場」を目指すのが蔦屋書店の目標であるそうだ。

②「需要力」を伸ばす

　三砂氏によると、「何でもあります。ではなく、これがあります。という売り場を目指しています。お客様がまだ自分自身気づかれていない発見を提案したい」とのことだ。まさしくこの点が川島氏のいうと

ころの「選ばれる店」たる所以であろう。モノが多い時代で、自分に何が必要なのか、何を求めているのかが希薄になっている中で、これこそが生活に必要であると感じるものを提案することで、「何でもある、何かがある店」ではなく「これがある店」であることができ、客に「選ばれる店」であることができるのだ。

③コンシェルジュ

　前掲書で言われていた、コンシェルジュの役割について詳しく三砂氏に尋ねたところ、次のようなことが返ってきた。蔦屋書店のコンシェルジュの中には、画廊出身者などの様々な分野に特化した人達がいる。彼らの仕事である書籍のジャンル分けに必要とされるのは、もちろん様々な本に関する知識である。しかし、知識だけでなく、「この著者はこの分野の専門家だから、このジャンルのことも関係しているかもしれない」などの想像力が重要になるそうだ。一般的な書店の、新刊、文庫本、単行本などの種類に分けられている棚は管理がしやすく効率が良い。しかし、蔦屋書店では"効率"ではなく"質"を重視している。また、提案力という点では、「売り場を手直しする際、帯のズレや配置のズレなどからお客様の興味を見る」のだという。客たちの興味を引き、彼らが手に取った本は、配置がズレていたり、帯がズレていたりして、それを直す際に、その書籍がなぜ興味を持たれたかを考える。そうして「提案力」をあげていく。これもコンシェルジュの仕事であるという。

5．まとめ

　以上より、昨今メディア上で注目されている蔦屋書店の販売戦略として、客のライフスタイルに合わせ、暮らしの提案を行う「生活提案」が軸にあるのだということが分かった。また、その「生活提案」を行うことで「選ばれる店」となるための重要な役割を担っているのは、コンシェルジュだということが分かった。

　また、①〜③以外に、インタビューの中で「空間」という論点が日高氏から新たにあがった。蔦屋書店といえば、店内の居心地の良さも評価されている。家のような心地よさ、暗めの店内、開放的な区切り

のない空間などが居心地の良さを誘っている。また、客のニーズや用途によって、照明の明るさも変えているようだ。また、購入前の本をカフェでお茶をしながら読めるというのは、購入せずに読めてしまうため、一見、売り上げは落ちてしまうのではないかと思うが、「選んでもらうために読める空間」を作りだしており、「選ばれる可能性」を高めているようだ。

　紙媒体の書籍の売り上げが減少している現代で、蔦屋書店のように新たな販売形態を打ち出し、注目を集めている大型書店もあり、今回はその働き手の人たちの工夫に焦点を当てたが、今後は店内設計やデザインなどの具体的な空間のあり方について分析していきたい。

文献

川島蓉子 (2015)『TSUTAYA の謎　増田宗昭に川島蓉子が訊く』日経 BP 社
全国出版協会 (2019)『出版指標年報2019』全国出版協会出版科学研究所
「日経テレコン」telecom.nikkei.co.jp/ (最終閲覧：2020年5月10)

> 論考結末部で出た「空間設計」という論点から、蔦屋書店の他店舗（例えば、都市部と郊外での店舗の違い）、もしくは他の書店との比較をすることで、研究を発展させられそう。また、コンシェルジュの方々が本の展示の仕方を美術館や博物館などから学んでいるのかどうかが気になった。

┃ コラム⑨　　良い文章とは──どうそれが理解されるのかを想像してみる

　大学では授業やゼミをつうじて、文章を書いたりプレゼンしたりするなど、様々なかたちで情報をアウトプットする機会が用意されています。それでは、良い文章／プレゼンとはどのようなものでしょうか。

　文章を書くこと、プレゼンをすることは、一種のコミュニケーションです。自らのメッセージうまく構造化し、相手へと的確に伝える必要があります。その際に重要となるのは、メッセージがどう相手に伝わるのかを事前に想像することです。読点の位置ひとつで、読み手の印象はまったく変わるのです。(松本)

12

住み開きの社会学
——GACCOH関係者へのインタビュー調査から

塚本顕成（関西学院大学 社会学部 卒業生）

1. 背景・問い

東日本大震災で絆が流行する以前、国民生活白書（2007年版）では「「地域」「職場」においては、全面的な強いつながりを求める意識が総じて弱ま」っていることがすでに指摘されていた。提示された処方箋は「新しいつながりの模索」である。都市では他者とつながりにくいからこその指摘だったが、では今日どのようなつながりがありうるのだろう。

本稿では「住み開き」を通してつながりを考える。それは2000年代後半に日常編集家・アサダワタルが「個人宅をちょっとだけ開く」（アサダ 2012）活動につけた名前であり、自宅にカフェや図書館などの役割を与えることで半オープンな場をつくることを指す。この活動を具体的に実践しているGACCOH（ガッコー）を通し、今日のつながりと工夫を捉えたい。

2. 先行研究

家を開く、というと驚かれるかもしれないが、実は決して目新しいものではなく、いくつか前例がみられる。例えば古代ギリシャにおける「閾（しきい）」がそれにあたる。建築家・山本理顕によると閾は私的領域の中にあって公的領域とつながるための機能を持っていたという（山本 2015）。

類似の形式として日本では玄関や縁側があたるだろう。地域の人々が縁側に集うシーンはいまや実際に見ることは珍しいが、ドラマ・アニメなどで見かけることも多い。この光景が珍しくなったのは、近代化により核家族化・個室化（上野 2002）が進み、他者の入る縁側が消えたことに一つの要因がある。

　なによりもう一つには人々の意識の変化がある。『現代日本人の意識構造』（NHK放送文化研究所 2015）でも指摘されるように、身近と思える人たちとの選択的な付き合いを重視する傾向が高くなっているのだ。

　そのような中では、部分的なつながりのアークテクチャをつくり、新たな形での閾をデザインすることが重要となる。京都出町柳のGACCOHを事例として、住み開きによるつながりの工夫を見てみよう。

3．対象と方法

　GACCOHは、京都左京区出町柳にある個人宅名である。家主はデザイナー兼私塾運営をしており、主に持ち込みで様々な企画が行われている。例えばある日は、科学教室として研究者が企画者となる「私塾」が開かれ、テーマに興味を持った企画参加者がGACCOHに集まるのである。

　2017年7月〜11月の期間、家主をはじめとする5名の企画者、3名の企画参加者にインフォーマルインタビューを行った。

4．調査結果

　以下では紙幅の都合上、住み開きの工夫について、家主の聞き取りの一部と、企画者からはGACCOHをどのような場所として理解しているのかを紹介し、分析をしたい。

【家主・聞き取り】

　"住み開きって言って「ぱーっ」と全部開くと、それこそいろんな人が来ちゃうし、僕自身1人では対処できない。自分にとって一番良い

バランスの開き方を探っていて、(中略)自分が一番どうやったら学べるかがベース 。"(2017.7.25)

　ここでは、都市の中で家を開くことのバランスの難しさに言及がなされる。都市では流動性の高さゆえの複雑性が高く、「いろんな人が来ちゃう」ことがリスクにもなっているのだ。しかし、リスクと同時に人も集めるという両義的な取り組みである住み開きでは、「ちょっとだけ開く」という半オープン／クローズ性のデザインが必要となる。
　そこでGACCOHではSNSやGoogleカレンダーを活用したメディア的な閾が導入されていた。オープンの側面では来訪者に対する宣伝という役目を果たすが、クローズの側面では人の入りを調節できるようになっているのである。例えばある日のカレンダーには「小説読書会」とコンテンツを明示し、他の日には「レンタルスペース」と書くことで、関心に基づいた宣伝と、ある程度のクローズ性を作ることができる。

【企画者・聞き取り】
"いろんな出来事がそこでおきて、いろんな人がそこでつながる場所です。コミュニティというよりは、ネットコミュニティというか、ネットを介した人の、周りのコミュニティがあります。"(企画者①)

　"一番頻繁に、友人に会っている場所じゃないですかね。普通にこう、少なからず、5年とか、ずっと出入りしている場所って自分の人生の場所でも他にないので。"(企画者②)

　GACCOHはどのような場所かという問いに対し、多かった回答は「つながる場所」である。企画参加者からも同様の発言が多く、必ずしも「私塾」に足を運んでいるのではないようだ。
　共通のコンテンツはきっかけにすぎず、人々は自由に「友人に会」うような感覚でGACCOHを訪れていた。

5．考察

　都市の中でのつながりは、一つには住み開きのもつ半オープン性による選択的なつながりとしてありうるようだ。特にGACCOHでは工夫としてメディア的な閾が機能している様子がうかがえた。コンテンツへの関心をきっかけに人が集うことで、家の役割は「住む」という私的なことから「働く・住む・学ぶ」ことへと少し公的に開かれるのだ。

　また、個人宅にも拘わらず来訪者はあくまで自由にふるまうという点も興味深い。住み開きは、ショッピングモールなどの管理された自由さとはまた異なる自由について考えるきっかけにもなるだろう。

文献

　アサダワタル(2012)『住み開き　家から始めるコミュニティ』筑摩書房
　山本理顕(2015)『権力の空間／空間の権力　個人と国家の〈あいだ〉を設計せよ』講談社選書メチエ
　内閣府(2007)『国民生活白書　つながりが築く豊かな社会』時事画報社
　NHK放送文化研究所(2015)『現代日本人の意識構造［第八版］』NHK出版
　上野千鶴子(2002)『家族を容れるハコ　家族を超えるハコ』平凡社

> 高齢者にとっての病院の待合室、地域の主婦／夫にとってのショッピングモールのフードコートは、住み開きではないものの、「そこに行って時々会う関係」という意味では、並べてみるのも面白いかもしれない。

┃コラム⑩　グループでレポートを校正してみる

　学生のみなさんは、それぞれ「文体」をもっています。子供の頃から培ってきた癖のようなもので、意外とその傾向に関しては、自分では気づきにくいかもしれません。

　私のゼミでは、誰かが作成した文章をスクリーンに投影して、ワードの校閲機能をもちいて友人たちとともに文章を校正する、ということをやっています。「文章のこの部分、ちょっと日本語として変じゃない?」とか、「全体として、読点が少なすぎるのでは?」とか、「文章が長すぎるので、2つに分割したほうが読みやすいんじゃない?」とか、わいわい議論しながら盛りあがったりもします。(松本)

13

ガチャをめぐるコミュニケーション
——ライブ会場、アニメ聖地、日常の集まりの参与観察から

岩田遥樹（愛知淑徳大学 メディアプロデュース学部（現・創造表現学部）卒業生）

1．はじめに

　ソーシャルゲームやスマートフォン向けゲームにおいて重要な要素の一つである「ガチャ」。これを3つの条件に分けたうえでフィールドワークを行い、ユーザーの行動を分析する。そこからソーシャルゲームにおけるコミュニケーションを考察することとする。

2．フィールドワークによる調査——『スクフェス』を事例に

　『ラブライブ！』シリーズは部活としてのアイドル活動を通して母校を廃校の危機から救おうとする女子高校生たちの青春を描いたメディアミックスコンテンツである。「μ's」や「Aqours」などのグループが存在し、声優ユニットによるリアルライブも存在する。また、物語の舞台として秋葉原や沼津が設定され、ファンによる聖地巡礼も活発に行われている。

　今回は『ラブライブ！』シリーズで展開されているスマートフォン向けリズムゲーム『ラブライブ！　スクールアイドルフェスティバル』を事例に、声優ユニットによるライブの会場、物語の舞台となる聖地、日常生活での集まりの3つを条件として設定し、それぞれについてフィールドワークを行った。

　2017 年 8 月 5 日、『Aqours 2nd LoveLive!　HAPPY PARTY TRAIN TOUR』名古屋公演が日本ガイシホールで開催された。筆者は友人K

氏とライブに参加するために会場に来ていた。会場に入り、座席で開演を待っていると、K氏はスマートフォンを取り出して『スクフェス』を起動した。筆者と偶然座席が近くになったファン数人がその様子を見守る中、K氏はガチャを行い、見事最高レアリティのカードを引き当てた。筆者含め、その様子を見ていた皆が驚きと祝福の声を上げた。その瞬間、ライブへの期待も合わさり、その周囲に連帯感が築かれたように感じた。

　2017年6月28日、筆者は高校時代の後輩N氏と作品の舞台である静岡県沼津市を訪れた。他のファン同様に筆者らも聖地を見て回る中で、作品に登場する淡島という島の頂上にたどり着いた。そこには小さな祠があり、アニメでも目にした光景だった。そこでK氏とスマホを取り出し、『スクフェス』を開いた。「せーの」の掛け声で同時にガチャを行い、結果をじっと待った。この時はこれといった収穫はなく、いわゆるハズレであったが筆者らの間には少なからず達成感があった。

　2018年5月23日、筆者は友人I氏の下宿先に泊まっていた。この日はI氏が家を引き払うため、そこで集まることができる最後の日だった。筆者らは習慣として、集まったらガチャを行うことが定着していた。この日も同じように『スクフェス』を起動し、ガチャを行った。その結果、I氏は自身が特に好きなキャラクターの最高レアリティを引き当てた。実は、これまでI氏はこの習慣でいい結果を得られていなかった。これまでの思い出が下宿先での思い出と重なり、深夜だったにもかかわらず2人で歓喜した。

3．思い出の共有

　3つのフィールドワークすべてにおいて行われた行動がある。それは、結果をスクリーンショットとして保存したことだ。筆者は、スクリーンショットで保存することで「形のある思い出」として残しているのではないかと考える。旅行した際に撮る写真のように、スクリーンショットとして保存された画像は、それを見返したときに当時の記憶を想起させる。その時その場にいた人と画像を見た時に思い出話ができるおみやげや写真のような役割をスクリーンショットに持たせて

いるのではないだろうか。

　また、保存したスクリーンショットをTwitterに投稿したこともまた、すべての場合において行われた。ライブ会場の例では、その後近くにいたファンがK氏のツイートを発見し、相互フォローになった。また、アニメ聖地の例でもハッシュタグ「#丸勘チャレンジ」をつけた投稿が複数存在し、筆者ら同様に聖地で行ったガチャの結果が投稿されている。

　この2つから、ガチャの内容よりもそれを行った事実を誰かと共有したいという気持ちの方が大きいことがうかがえる。

4．他作品を絡めた考察

　『スクフェス』以外にもこのような事例は存在する。『Fate/Grand Order』ではキャラを演じる声優たちが集まってガチャを行い、その結果を投稿する「#僕たちの聖杯戦争」というハッシュタグが存在する。また、『アイドルマスターミリオンライブ！　シアターデイズ』ではガチャを行った回数を隠してスクリーンショットを保存できる機能、『アイドルマスターシンデレラガールズ』では3周年キャンペーン時に、ガチャの結果画面からツイートできる機能がそれぞれ実装されている。

　以上のことを踏まえると、ガチャはコミュニケーションにおけるツールの一つとして考えることができるのではないだろうか。現在ではその場で喜びを分かち合い、それが過去になれば保存した画像や引いたキャラを見て当時のことを思い出す。筆者はこれをごく小さな限られた枠組みの中で共有される集合的記憶としてみることができるのではないかと思う。そう考えた時、ガチャは過去と未来をつなぐコミュニケーションツールとして機能している。

5．ガチャをめぐるコミュニケーション

　ガチャといえばコンプリートガチャや課金の是非など悪い面ばかりが取り上げられる。しかし、ガチャもゲームの要素の一つである。プレイ中同様、思い出や感情を分かち合うコミュニケーションが行われ

ているということを知ってほしい。そこには、作品への愛や好きなものを共有するファンの姿がある。

文献

神田孝治・遠藤英樹・松本健太郎(編)(2018)『ポケモンGOからの問い　拡張される世界のリアリティ』
　新曜社
小林信重(編著)(2020)『デジタルゲーム研究入門　レポート作成から論文執筆まで』ミネルヴァ書房
松井広志・井口貴紀・大石真澄・秦美香子(編)(2019)『多元化するゲーム文化と社会』ニューゲームズ
　オーダー

「思い出の共有」という言葉がでてきたが、共有する
媒体として Twitter があげられていた。しかし、
Instagram や Facebook など、「思い出の共有」がで
きるメディアはいくつかあるが、なぜ、共有する媒体が
Twitter のみだったのか気になった。それらを使用す
る際の主な使い分けなどを調べるのも面白そうだと
思った。

> **┃コラム⑪　論文がどのようなルールで書かれているかを考えてみる**
>
> 　みなさんは経験として、学術論文を読んだことはあるでしょうか。あるとしたら、それがどのようなルールで書かれているか考えたことはあるでしょうか。
> 　論文とは、一定の形式的制約のなかで執筆されています。まずタイトルがあり、序論・本論・結論などの構成があります。脚注もしくは文末注が付けられていることもあります。また、ある文献を引用する場合には、本文中に出典としてたとえば(福田 2010)との情報が記載され、参考文献のなかに、それに対応するものが【福田裕大(2010)「監視と権力　自由の枠組みを考える」池田理知子・松本健太郎(共編)『メディア・コミュニケーション論』ナカニシヤ出版】として記載されたりもします。つまり論文とは、数々のルールにもとづき作成されているわけです。
> 　学術論文を書くうえでのより本格的なルールとして、APA スタイル、MLA スタイル、シカゴ・スタイルなどがあります。気になった方は、ぜひ調べてみてください。(松本)

14

「忍者の里」のつくりかた
——観光を通したゆるやかな「伝統」の創出

吉村真衣（三重大学 人文学部 助教）

1．観光化される歴史文化

　突然だが、本稿であつかう三重県伊賀市が2017年に「忍者市宣言」をしたことをご存じだろうか。宣言文では、市民が伊賀市を忍者発祥の地であると認識し、忍者の歴史文化や精神を継承するとともに、忍者を活かした観光誘客やまちづくりを目指す旨が述べられている。つまり伊賀市にとって忍者は、市のシンボルであると同時に、重要な社会的資源でもあるのだ。このように、歴史文化を発掘して資源化する取り組みは日本各地、世界各地で進められている。

　歴史文化という資源の主要な使い道のひとつが、観光である。たとえば伊賀市では年に1度「伊賀上野NINJAフェスタ」が開催され、カラフルなコスプレや忍者体験などを楽しむ観光客がまちにあふれる。市街地には伊賀流忍者博物館という、史実としての忍者を学ぶ空間も備えられている。このように幅の広い「忍者観光」は、いかにして成立したのだろうか。（本稿は筆者が卒業論文のため2010年に実施した調査にもとづくものである。）

2．観光は「伝統」を破壊するか？

　歴史文化の観光化は、地域社会の個性を磨き、地域住民の誇りを醸成し、社会経済文化的交流を活性化するとして、近年ますます注目が集まっている。その一方で、観光地の地域住民が抱える諸問題が指摘

されてきた。その一つが、過度な観光化や商品化が地域社会の歴史文化、すなわち「伝統」を変質させ、あまつさえ破壊してしまうのではないかという問題だ。もちろんまちづくりにおいて、この点は常に留意すべき必要がある。しかし、「伝統」とは必ずしも絶対的な存在ではないことも確かだ。先行研究では、「伝統」とは社会的に構築されるものだという議論がある（ホブズボウム、レンジャー編 1992）。すなわち求められるのは、観光がいかに「伝統」を破壊するかという視点だけでなく、観光を通していかに「伝統」が創出されていくのか、それは地域社会にどのような影響をもたらすのかという視点だろう。

3．本研究の方法　インタビュー、アンケート

　本研究での問いは、「忍者」がいかにして市の観光資源となったのか、それに対して地域住民はどのような意識を抱いているかである。これを明らかにするため、観光を推進する主体（市行政、市観光協会、商工会議所等）へのインタビューと、地域住民へのアンケートを実施した。インタビューでは主に、「忍者」が観光化された経緯を明らかにした。また、アンケートでは地域住民が抱く「忍者」へのイメージや、市の忍者観光に対する意識等を問うた。伊賀上野地域に居住する住民（20代～90代）を対象に、約170票配布し有効票148を回収した。さらに、必要に応じ娯楽メディアにおける忍者コンテンツの歴史や、伊賀市の観光の歴史に関する先行研究、資料を参照した。

4．近くて遠い「忍者」と地域住民の意識

　伊賀市の観光資源としての「忍者」は、伊賀に実在したといわれる忍者と、外部で形成された娯楽文化としての忍者という2つの経路をたどって成立したことがわかった。元禄期以降に伊賀で姿を消したといわれる忍者が、観光資源という形をとって蘇ったのは1950年代以降のことである。きっかけは1952年に上野市制施行10周年記念の博覧会において「忍術館」というパビリオンが人気を博したことだった。それ以降、イベントと博物館という2軸から忍者観光が展開され、冒頭

に述べたような観光の形態が確立された。観光の後押しとなったのは、江戸時代以降たびたび生じてきた、娯楽メディアにおける忍者ブームだった。史実としての基盤がありながら、娯楽メディアにおいて多様なイメージを付与された忍者は、市の歴史文化を象徴する資源でありながら、史実–フィクションにまたがって比較的自由に表現できるという特徴をもつ。この特徴をもとに、市は積極的に忍者観光を推進し、観光誘客を図ってきた。

　このような忍者観光を、地域住民はいかに受け止めているのか。まず地域住民は「忍者」に対し多様なイメージをもっていたことがわかった（表参照）。住民の忍者観光への意識は、とくに忍者を史実とみなしているか、つくりごととしてみているかによって影響されていた。忍者に史実というイメージを有している住民は、忍者をつくりごとととらえている住民にくらべ、忍者を誇らしいと感じ、忍者観光に賛成し、忍者を通して伊賀に愛着をもつ傾向があった。その一方で、史実イメージを有する住民も、つくりごとイメージを有する住民も、自由記述欄において当時の観光のありかたについて不満を表明する場合があった。前者は史実的な忍者から乖離しポップ化された観光のありかたへの不満、後者は「忍者はそもそも作り物である」のになぜ市の歴史文化とみなすのかという不満である。このような不満はあるものの、自由記述からは地域住民が、「忍者」は伝えていくべき史実という側面と、消費者を呼び込むための商品という側面どちらも有していることを理解し当時の忍者観光を受け入れていた状況が明らかになった。

5．ゆるやかな「伝統」の創出と観光化

　江戸期に消えたとされる忍者は、娯楽メディアに影響された観光のまなざしのもと伊賀市に蘇り、地域の歴史文化のシンボルとして掲げられている。ここからは、史実とフィクション、ローカルな観光推進主体とメディアが相互作用し、ゆるやかな「伝統」として現在の「忍者」が創出された過程を読みとれる。史実とフィクションを横断するという特徴は、観光利用での自由度の高さにつながり、観光推進主体・観光客・地域住民を広くひきつけていた。その一方で葛藤、つまり史実と

フィクションとの葛藤や、フィクションのうちどのような要素を選びとるべきなのかという葛藤をもたらすという側面も示された。持続的な忍者観光のためには、先行研究で指摘された「住民が観光化された対象を「伝統」と認識できるかどうか」だけでなく、ゆるやかな「伝統」という枠内で、いかに史実–フィクションを調整すべきかという点が重要になってくるだろう。

①	かっこいい	59.7%	ださい	40.3%
②	身近	45.5%	縁遠い	54.5%
③	史実的	65.2%	つくりごと	34.8%
④	地元のシンボル	70.9%	世界に通用	29.1%
⑤	誇らしい	67.4%	恥ずかしい	32.6%
⑥	好ましい	67.7%	嫌いだ	32.3%
⑦	ヒーロー	61.9%	悪者	38.1%
⑧	派手	39.5%	地味	60.5%
⑨	子供向け	72.8%	大人向け	27.2%

表：住民が抱く「忍者」イメージ（2010年に筆者が実施したアンケートより）

文献

ホブズボウム、エリック＆レンジャー、テレンス（著）／前川啓治・梶原景昭（訳）(1992)『創られた伝統』紀伊國屋書店
マキァーネル、ディーン（著）／安村克己ほか（訳）(2012)『ザ・ツーリスト 高度近代社会の構造分析』学文社
スミス、ヴァレン・L.（編）／市野澤潤平ほか（訳）(2018)『ホスト・アンド・ゲスト 観光人類学とはなにか』ミネルヴァ書房

忍者観光に対する住民の意識は、観光推進主体と住民との間にある社会関係、より踏み込んで言えば「伝統」をめぐる権力関係を反映しているとも考えられる。意識の類型化だけでなく、その背後にあるアクター間の相互作用を明らかにすることで、より理論的な発展が目指せるのではないだろうか。

「伝統」の枠内で史実とフィクションの調節が重要だということは、観光の分野にかぎらず、文化や歴史、芸術などさまざまな分野に通用するのではないかと感じた。

15

作り手側からみる
スパイスカレーの考察
―――「カレー記号」へのインタビュー

今西雅（近畿大学 総合社会学部 学部生）

1．はじめに

　近年、スパイスカレーが多くのメディアで取り上げられることが増えてきた。朝日放送のテレビ番組『今ちゃんの「実は…」』2019年8月28日放送では大阪・中津がスパイスカレー激戦区と紹介されている。さらには、テレビ大阪の『おでかけ発見バラエティ　かがく de ムチャミタス！』2020年8月16日放送では裏谷四（谷町四丁目から堺筋本町の間のエリア）がスパイスカレーの激戦区と紹介されていた。大阪には老舗のカレー屋から、近年新しく出来たカレー屋まで多様な店舗がある。本レポートは、昨今注目されつつあるスパイスカレーの魅力について、インタビュー調査をもとに明らかにしたものである。

2．カレーの歴史

　日本では、国民食といっても過言ではないくらいカレーの知名度は高い。市販のルウを使い、家庭で作るカレーや、温めるだけで食べられる簡易的なレトルトカレー、子供でも食べられる甘口のカレー、日本発祥のひき肉をメインの具材としたドライカレー、本格的なスパイスが効いたスパイスカレー等、様々な種類があるためカレーという言葉でそれらを全て一括りにはできない。しかし、森枝卓士の『カレーライスと日本人』には、インドで使われている言語にカレーという呼称、料理は存在しないと書いてある（森枝 2015:37）。日本でカレーと

呼ばれている料理は、スパイスで具材を煮込んだ汁状の料理とされ、インド人はマサラ、コルマ、サブジなどと調理法により異なる呼び方をしている。他にも、インドではご飯ではなく、ナンをカレーにつけて食べるのが一般的である。

　しかし小島和彦は「香辛料と食文化」という論文の中で、日本にも香辛料の文化が奈良時代にはすでにあったと論じている（小島 2019）。712年に編纂された『古事記』にはショウガや山椒、わさびなどの和風香辛料が文章中に登場している。江戸時代後期には唐辛子が日本に上陸し、七味唐辛子が生まれた。これは唐辛子などの7種類のスパイスを混ぜ合わせた、日本独自のミックススパイスの誕生である。このことから、少なくとも日本では700年代から香辛料の存在があり、江戸時代後期にまでなると、独自のスパイスが完成されるほど香辛料と日本人との繋がりは強かったことが分かる。

　水野仁輔の『カレーライスの謎　なぜ日本中の食卓が虜になったのか』の中で、カレーがどのように日本に伝わったのかについて2つの説を紹介している。1つ目は、札幌農学校のクラーク博士がカレーを伝えたという説だ。2つ目はペリー来航後に横浜港が開港したことでカレー粉という新しいスパイスが日本に伝来したという説だ。水野自身は後者の説が有力であると述べている（水野 2018:29-30）。カレー粉が伝来したことをきっかけに、カレーと米を掛け合わせた料理、"カレーライス"が日本で誕生したのである。これらのことから、日本人とスパイスの関わりはかなり長く深いことが読み取れる。

3．インタビュー調査

　2020年2月13日、近畿大学近くのスパイスカレー屋「カレー記号」のオーナー宮城氏にインタビューを実施した。比較的空いていた閉店前の時間に宮城氏にインタビューのアポイントメントをとり承諾を得たことで、今回のインタビューが実現した。インタビューにあたる準備として、事前に何度か対象の店に足を運び、店の雰囲気を踏まえ目的にあった質問内容を用意し、許可をとった上で録音した。以下にインタビュー内容を記す。

①「カレー記号」の１日の流れについて

　「カレー記号」の１日は朝の6時からドリンクや付け合わせを作ることから始まる。メニューの「気まぐれカレー」は当日仕込みなのでオープン前に作り、買い出しをする。営業時間は11時から14時までである。店の営業が終わると15時まで片付けをし、１時間の休憩をしてから、16時から20時半まで明日の仕込みというのが１日の流れである。

②スパイスカレーの作り方

　宮城氏はインターネットや本を見てスパイスカレーについて独学で勉強した。スパイスの量を調整し、試行錯誤して何パターンかのスパイスカレーを作り上げる。そして、自分の好みに合わせてスパイスの量を自由に決めている。スパイスカレーとは、使うスパイスの種類も分量も店主の自由であることが分かった。

　宮城氏によると、スパイスカレーはクミンパウダー、ターメリック、コリアンダーの３種類のスパイスで出来る。そして、玉ねぎを１時間以上炒めているうちにルウになる瞬間がある。宮城氏はこの瞬間が面白いと語る。

③お店をオープンしたきっかけ

　「カレー記号」の前はカフェを経営していた。しかしある時突如カフェを止めて「カレー記号」をオープンしたという。この思い切った決断は、宮城氏が作り出したゲームが関係している。それは映画『イエスマン』のオマージュで「なんでもやってみるゲーム」と宮城氏が呼んでいるものだ。簡単にいうと「自分の欲望に沿って行動していくゲーム」である。例えばダイエット中にお菓子が食べたいという衝動に駆られたとする。お菓子を食べることはダイエットの意に反するが、自分の欲望に素直に従いお菓子を食べる。このゲームをしている時に宮城氏は「自分が把握した中で働きたい」、「それができるのは自営業だ」、「自営業ならカフェを経営したい」という連想でカフェをオープンした。しかしそのカフェの客足が思った様に伸びず、昔カレー屋でアルバイトをしていたことを思い出し、自身でカレー屋をオープンすることに決めたという。「カフェからカレー屋に変えたい」という自分の欲望に従い「カレー記号」が誕生したのだ。宮城氏はこのゲームについて、「どこに行き着くかわからないってとこがワクワクするんです。

これって決めちゃうとそこにしか行かないですからね」と語った。

４．まとめ

　スパイスカレーの醍醐味は食べる側だけでなく、作る側にもあることが分かった。そして、スパイスの種類や分量は自分好みの自由な調整が出来る。その組み合わせは何通りにもなり、どのような味になるかは完成してからでしか分からない。この自由さと偶然性が生み出した、何種類とあるスパイスカレーに多くの人が魅力を感じていることが、今回の調査で明らかになった。

　またスパイスカレーの作り手にも個人的な人生の背景があることが見えてきた。今後はどのような職業、年齢、性別の人がスパイスカレーの作り手になっているのか等を調査し、作り手に注目したスパイスカレーのコミュニティーについて探求したい。

文献

小島和彦（2019）「香辛料と食文化」『表面と真空』62(8)、522-524頁
水野仁輔（2008）『カレーライスの謎　なぜ日本中の食卓が虜になったのか』角川書店
森枝卓士（2015）『カレーライスと日本人』講談社学術文庫

作り手に焦点を当ててスパイスカレーについて論じている点が興味深かった。スパイスカレーブームが去った後、作り手にどのような変化が起こるのか継続的な調査を行うとより興味深い研究になるのではないか。

消費者が何をきっかけにスパイスカレーを食べに来ているのかなども調べることで、受け手の視点からもスパイスカレーを考えると、よりスパイスカレーを巡る人々の在り方を知ることができるかもしれない。

16

夢を追うバンドマンの活動世界
―――自分の知らない世界の「当たり前」から研究を始める

野村駿（秋田大学大学院 理工学研究科 附属クロスオーバー教育創成センター 助教）

1. 夢を追うバンドマンとの出会い

　「夢を追うバンドマンの研究をしています」と自己紹介すると必ず聞かれることがある。それは、「バンドをやっていたんですか？」、「音楽が好きなんですか？」というものである。しかし、私にはバンドをやっていた経験はないし、音楽もまったく聴かないということはないが、特定のアーティストのファンであったこともなく、日常的に音楽を聴く習慣もない。そして、こうした返答をすると必ず次の質問をうける。「なぜバンドマンの研究をやろうと思ったんですか？」。

　その答えは至ってシンプルで、「友達にそういう人がいたから」である。本章では、こうした経緯で始めた夢を追うバンドマン研究の中から、「フリーター選択・維持プロセス」をテーマとした研究例を取り上げ、「趣味ではないもの」を研究する一例を示したい。

2. 先行研究の整理
―――「フリーターを積極的に選択する若者」という視点

　夢を追うバンドマンという「研究対象」は決まった。しかし、夢を追うバンドマンのいかなる側面に焦点をあてるのかという「研究テーマ」がまったく決まらなかった。それも当然である。私はバンドマンの活動世界について何も知らなかったのだ。そこで、とにかくライブハウスに通い、たくさんのバンドマンと出会い、彼らの活動を直接見

て、たくさんの話を聞いた。その中で分かったことが、「バンドマンが夢を追うために積極的にフリーターになっている」という事実である。彼らはなぜフリーターを選択するのだろうか。なぜフリーターでなければならなかったのだろうか。

この気づきを手掛かりに、フリーターに関する先行研究を読むと、次の点が明らかとなった。つまり、フリーターの存在が社会問題として認識されるようになる1990年代以降、当時の社会状況と関連しながら、フリーターの語られ方が大きく変化していたのである。第1に、若年労働市場をはじめとする社会構造の変容によって、フリーターにならざるを得ない若者の姿を指摘した研究が1990年代から2000年代前半にかけて蓄積されていく。それに続いて第2に、2000年代後半には格差社会論と接合しつつ、フリーターになることを半ば当然視する若者の姿が指摘されるようになる。このように先行研究をまとめていく中で、フリーターという一見すると不安定な進路を積極的に選択する若者の姿は、これまでの研究では十分に捉えられていないことが明らかになった。もちろん、「夢追求型フリーター」（日本労働研究機構2000）という形でその存在は先行研究でも指摘されている。しかし、彼らがなぜフリーターを選択するのか、なぜフリーターでなければならないのかという点は十分に検討されてこなかったのである（詳細は、野村 2018aを参照）。こうした課題に対し、夢を追うバンドマンを対象としたインタビュー調査のデータを用いながら、フリーターという進路が積極的に選択・維持される背景を探ったのが野村（2018b）である。次節では、その分析結果の概要を示す。

3．分析結果

まず、バンドマンのフリーター選択理由として、バンドを「やりたいこと」だとみなす語りが得られた。これはフリーターの「やりたいこと」志向の強さという先行研究の知見と一致する（下村 2002: 小杉2003など）。加えて、バンドメンバー同士の相互作用の中でフリーター選択が促されていた。つまり、バンドという活動形態の集団性が、ライブ本番と練習に向けたメンバー同士での時間と場所の共有を必要と

するために、すでにフリーターとして活動するメンバーに合わせて他のメンバーもフリーターを積極的に選択・維持するという連鎖が生じていたのである。彼らは、フリーターになる／であることで、集団として夢を追うことを可能にしていたと言える。

ただし、フリーターであることには金銭的困難が伴う。アルバイトに多くの時間をかければ、それだけバンドにかけられる時間が減るため、ギリギリの収入でバンド活動を行わざるを得ない。少ない収入の中でバンド活動を継続できるのはなぜなのか。

この点に関して明らかになったのは、バンドの集団性が、バンド活動に伴う金銭的困難を緩和する方向で機能していることである。バンド活動に伴う支出には、ノルマやスタジオ料金(*1)がある。これらのほとんどがバンド単位での支払いとなっているため、集団で活動するバンドマンは、メンバー間で支出を共有し、一人当たりの負担を抑えていたのである。

以上から、バンドという活動形態の集団性とバンド単位で料金が発生する音楽業界のシステムが、フリーターであることを要求し、かつフリーターであることによって生じる困難を緩和させることで、積極的にフリーターを選択・維持するという現象につながっていると結論づけた。

4．まとめ

以上の分析結果は、バンドマンの活動世界に造詣の深い読者であれば、「当たり前」すぎるかもしれない。しかし、その「当たり前」こそが、先行研究の課題を補填する知見となるのである。通常であれば「当たり前」として看過されがちな事象をあえて拾い上げられることにこそ、「当たり前」を共有していない研究者の強みがある。自分の知らない世界、知りたい世界の「当たり前」を知ることが、新たな研究成果を生み出す契機になると考える(*2)(*3)。

(＊1)ノルマとは、ライブハウス側が出演者に課すチケット枚数を指す。また、スタジオとは、バンドマンが個人もしくは集団で練習をする場所である。
(＊2)自分の知らない世界について探求するためには、入念な下調べが必要不可欠である。丸裸の状態で調査に臨

むことはあってはならない。調査法を含め、研究倫理に関しては、佐藤(2002)、工藤・寺岡・宮垣編(2016)を参照してほしい。

(＊3)本章の議論は、次の論稿をもとにしている。

野村駿(2018a)「若者の移行に関する研究動向と課題」『教育論叢』第61号、1-16頁

──(2018b)「バンドマンのフリーター選択・維持プロセスにおける積極性と合理性　若者文化の内部構造に着目して」『東海社会学会年報』第10号、122-132頁

〈文献〉

小杉礼子(2003)『フリーターという生き方』勁草書房

工藤保則・寺岡伸悟・宮垣元(編)(2016)『質的調査の方法　都市・文化・メディアの感じ方　第2版』法律文化社

日本労働研究機構(2000)『調査研究報告書No.136　フリーターの意識と実態　97人のヒアリング結果より』日本労働研究機構

佐藤郁哉(2002)『フィールドワークの技法　問いを育てる、仮説をきたえる』新曜社

下村英雄(2002)「フリーターの職業意識とその形成過程　「やりたいこと」志向の虚実」小杉礼子編『自由の代償／フリーター　現代若者の就業意識と行動』労働政策研究・研修機構、75-99頁

「夢を追うバンドマン」ときくと、それを経済的に支える女性ファンというイメージがメディア上でよく描かれるが、どのようにしてそのようなイメージが作られたのかということを若者文化やメディア史を追っていくことで新たな視点が得られるのではないだろうか。

▌コラム⑫　アイデア創出、問題解決、独学の教科書

　研究を進めたり、企画を立てたり、自身の問題を整理したり、新しいことを学んだり…。こうした様々な場面で役に立つ情報が満載の書籍を3冊紹介します。①『アイデア大全』(フォレスト出版、2017)は、新しい考え方を生み出す「発想法」が42項目紹介されている本です。②『問題解決大全』(フォレスト出版、2017)では、アイデアを実現したり、目標に到達したりするまでに立ちはだかる「問題」の解決に資するツールについて、37項目にわたって解説されています。③『独学大全(ダイヤモンド社、2020)』は「学び続けるための賢さ」を手に入れるための技法が55、提供されています。すべて、執筆者は読書猿先生です。(岡本)

17

キャリア教育において 提示される職業観
——バウンダリーレス・キャリアの理想と現実

妹尾麻美（同志社大学 文化情報学部 助教）

1．問題関心

　本稿の目的は、大学におけるキャリア教育が提示する職業観を明らかにし、それと日本の雇用制度における職業観との差異を検討することである。

　経済のグローバル化、産業構造・就業構造の変化のなかで、文部科学省はキャリア教育の導入を推進している（文部科学省 2011）。これまでの日本の雇用制度は、企業が職業に関する知識を持たない新卒者を雇い入れ、企業内で職業訓練を行い、キャリアを積ませることを基本としてきた。バブル崩壊やその後の経済状況により、この制度の改革が叫ばれ続けている。2015年現在、96.9％もの大学がキャリア教育を導入し、そのうち87.1％が「職業観・就業観を育成するための教育」を行っている（文部科学省 2017）。

　こうしたキャリア教育政策はネットワークを自律的に構築し、それを生かして転職をしながら仕事を経験していく職業観、すなわち「バウンダリーレス・キャリア」を理想としている（梅崎 2016）。しかし、日本の雇用制度においてキャリアとは企業内で多様な仕事を経験することを指す（宮本 2018）。すなわち、キャリア教育政策は、これまでの職業観を批判し、バウンダリーレス・キャリアを理想とする。だが、日本においてこのようなキャリアを持つ者は多くはない（梅崎 2016）。では、キャリア教育の授業内で、どのような職業観が具体的に提示されているのだろうか。

２．対象と方法

　この問いを下記の資料を用いて、明らかにする。2014年度に厚生労働省の委託事業として開発された「大学におけるキャリア教育プログラム集」の資料として添付されている「若手・中堅・ベテラン社員へのインタビュー集」である（三菱UFJリサーチ＆コンサルティング 2015a）。これは円滑にキャリア教育を進めるための、教員読本のようなものである。これを政策的に望ましいモデルとすることに異論はないだろう。このキャリア教育プログラムは、「自己理解」「職業理解」「労働法・労働市場」の3つを主に学ぶ必要性を指摘している（三菱UFJリサーチ＆コンサルティング 2015b）。ここで着目する職業観は「職業理解」の学習に含まれる。

　このインタビュー集は、授業内で社会人インタビューの実施が困難な場合を想定して、制作された。「一般事務の仕事」3人、「営業の仕事」4人、「介護サービスの職業」3人、「情報処理・通信技術者」3人、「製造技術者」3人、「商社の仕事」3人の、計19人の社会人インタビューが示されている。

　本稿は、(1) 19人の基本的な属性について示し、(2) 職業観を示すと考えられる「学生時代に学んだことと現在の職業との関連性について教えて下さい」「将来のキャリアイメージを教えてください」という質問への回答を分析する。これらの質問に、19人全員が回答している。

３．結果

(1) 19人の属性
　基本的な属性として性別と転職歴についてみていきたい。
　まず、男性が10人、女性が9人である。ここに大きな偏りはない。ただし、「一般事務の仕事」は3人全員が女性であるのに対し、「商社の仕事」は3人全員が男性である。職種・業種による性別の偏りが指摘できる。次に、転職歴をみよう。7人が新卒で、12人が転職で入社をしている。それゆえ、必ずしも全員が新卒で入社をしているわけではない。

(2) 職業観

　次に、彼らが示す職業観を示したい。

　第1に、「学生時代に学んだことと現在の職業との関連性について教えて下さい」という質問の回答に着目した。回答をみると、現在の職業との直接的な関連を語っている者、多少の関連を語っている者、学業への言及がない者の3つに分類できることがわかった。直接的な関連とは「社会福祉学科卒業なので、大学時代に学んだことと、現在の仕事は関連しているといえます」といった具体的な学業との関わりを指す。多少の関連とは、「卒業論文執筆や授業でのレポートの作成などによって、実際の仕事においても報告書類等の作成におけるスキルが活かせる部分があり」など、学業に言及した発言のことである。「直接的な関連はない」「突然役に立つことがある」「わからなかった」などを「学業への言及がない者」とした。表1にその人数を示した。

　表1から、学生時代に学んだことと現在の職業との直接的な関連のない者が半数以上を占め、学業とのつながりが薄い現在の雇用制度を前提にした職業観を語っているといえる。

直接的な関連	3人
多少の関連	5人
言及なし	11人

表1　学業と職業との関連

　第2に、「将来のキャリアイメージを教えてください」という質問の回答を分析する。先に、「企業内でのキャリア」と「バウンダリーレス・キャリア」について説明した。この分類から19人の「将来のキャリアイメージ」を見てみる。

　回答をみると、「職業キャリア」「私生活（結婚・育児・出産・介護）」の2つが語られていることがわかる。「職業キャリア」は全員が、「私生活」は6人（全員女性）が語っている。この「職業キャリア」を「企業内でのキャリア」、「バウンダリーレス・キャリア」、「現在の業務」に分類した。結果、「企業内でのキャリア」10人、「バウンダリーレス・キャリア」2人、「現在の業務」について語っている者が7人いた。

「現在の業務」を除くと、企業内でのキャリアを語る者が多い。このことから、この資料で提示されている「職業キャリア」はやはり日本の雇用制度に適したものだといえよう。

4．まとめ

本稿は、キャリア教育で提示される職業観を分析してきた。バウンダリーレス・キャリアを理想として、キャリア教育政策は推し進められた。しかし、そこで提示される職業観はバウンダリーレス・キャリアとは言えず、日本の雇用制度に沿った職業観であった。キャリア教育は社会構造上の問題への対応や雇用制度の改革を必ずしも促すものとはいえない。キャリア教育が提示する職業観は現実を反映したものとなっていた。

文献

梅崎修 (2016)「教育とキャリアを繋げる政策はなぜ迷うのか？　取引費用から整理する教育・市場・雇用」『教育社会学研究』98、71-90頁

三菱UFJリサーチ＆コンサルティング (2015a)「若手・中堅・ベテラン社員へのインタビュー集」https://www.mhlw.go.jp/file/06-Seisakujouhou-11800000-Shokugyounouryokukaihatsukyoku/0000086098.pdf

三菱UFJリサーチ＆コンサルティング (2015b)「厚生労働省委託 大学生のための『キャリア教育プログラム集』」https://www.mhlw.go.jp/file/06-Seisakujouhou-11800000-Shokugyounouryokukaihatsukyoku/0000092897.pdf

宮本光晴 (2018)「内部労働市場におけるキャリアとしての職業」『日本労働研究雑誌』2018年8月号 (No.697)、39-49頁

文部科学省 (2011)「今後の学校におけるキャリア教育・職業教育の在り方について (答申)」

文部科学省 (2017)「平成27年度の大学における教育内容等の改革状況について (概要)」

インタビュー対象者は、皆が大学で、現在のようなバウンダリーレス・キャリア教育を受けた人だろうか。時代によって、大学で行われるキャリア教育の内容は異なると推測される。対象者の年齢分布を示し、それぞれの世代が雇用前に受けたキャリア教育の内容と対比することで、因果関係がより正確になるのではないだろうか。

18

私達は家族をどう語るのか
——会話型ロールプレイングゲーム(TRPG)を活用した質的研究の試み

高橋志行（立命館大学 ゲーム研究センター 研究員）

1．多様性の時代における家族観のせめぎあい

　現代は多様性（diversity）の時代だと言われている。人種、性差、世代、職業、家族構成など、個人に紐づくさまざまな特性は尊重されるべきであり、また尊重して当然である。そうした社会的な前提が、国内外を問わず、共有されつつある。社会においてより確かな自由や平等を実現してゆくにあたって、多様性という観点がさまざまな局面で肯定され受け入れられることは、社会を生きる私達にとって重要なことであると言ってよいだろう。

　だが、社会のあらゆる言説がそうした方向を向いているとは限らない。たとえば家族に関するあり方などを検討してみよう。本国では、自民党が平成24年（2012年）に提出した日本国憲法改正案の第24条修正案の中に、このような記述がなされている。すなわち、家族は「社会の自然かつ基礎的な単位として、尊重される。家族は、互いに助け合わなければならない。」この条文は、実際の国内のさまざまな世帯の営みを無視して、極めて規範的な側面にまで踏み込んだ主張になっている。

　憲法に示される原理は、福祉政策を含むさまざまな法律を取り決めてゆくにあたって参照される基礎となるものである。そうした原理を、現代と多くの点で異なった近代日本的な家族観に強引に押し通そうとする憲法改正案は、政治的に問題が含まれるだけでなく、同時に、現代日本に生きる多様化な家族の実態を無視したものにもなっていると

言えるだろう。

2. ポスト近代家族を調査するための社会構築主義的アプローチ

　だがそもそも、「家族」とはこれまでにどのようなものとして考えられてきたのだろうか。たとえば家族社会学の分野においては、かつての画一的な家族のあり方（＝近代家族）から現代の多様な家族のあり方（＝ポスト近代家族）への変動があったという認識がある程度共有されている。それに合わせて、核家族を基本的なモデルとしていた分析から、ひとり親家族やLGBTの家族、夫婦共働きの家族、ペットの居る家族など、それまでには伝統的に取り上げられてこなかった様々な家族的形態をも、分析対象としての「家族」の対象として新たに再定義し、取り込んできた経緯がある（木戸 2010）。

　そして、そうした家族の諸相を調査するにあたっては、大規模な質問紙調査等に代表される計量的調査と並行して、質的な調査研究、特に社会構築主義という観点に根ざしたアプローチも、たびたび採用されてきた。

　社会構築主義は、私達が暮らしている世界を、人々による語りと相互行為を通じて、主体的に"構築"しつづけてきた帰結として捉えようとする。そして、人々がそのように構築した社会のありようについての理解が、私達が「現実（reality）」としばしば呼ぶものと対応関係にあると捉える。したがって人々の語りや相互行為を通じて、さまざまな「現実たち（realities）」が複相的にそこにある、と考えるのが、社会構築主義の立場である。

　社会構築主義のアプローチに立って調査を行う研究者は、そのように複相的な現実の理解が組織化され秩序づけられる、その一連の過程を丹念に追跡しようとする。そして、そうした過程を見出すための具体的な調査方法として、参与観察であったり、インタビューであったり、記録された談話や文書の解析（談話分析・会話分析）を採用する。これらの手法の採用基準は色々であり優劣をつけられるものではないけれど、すくい取ろうという対象が、社会に生きる個々の私達の詳細な記述であるという点においては、複数の質的調査は同じ方向を向いていると言える。

3. 主婦／主夫という概念をズラすゲーミング実践

　ところで質的研究の中には、研究者自身が人々の現場に積極的に関わってゆくこと自体を研究の手法として織り込むアプローチも提案されている。筆者は近年、参加型アクションリサーチ（Parker 2004）・アクティブインタビュー（Holstein and Gubrium 1995）、シミュレーション＆ゲーミング（Duke 1974）などの手法を組み合わせた調査に可能性を見出し、実践を続けている。その一例として、現代を舞台にした会話型ロールプレイングゲーム（TRPG）『ファミリーズ！』を複数人の大学生に実際にゲームを遊んでもらい、その発話データを検討する調査について紹介したい。

　『ファミリーズ！』というゲームの特徴は、さまざまな立場・境遇から一家の主夫／主婦として活動する人々を、必ず主人公に据えなければならないことにある。そうしたゲーム上の規定が、プレイ中に生じる発話やプレイングの中に、日常的に蓄積させてきた世帯、家族、親族、近所付き合い等に関する知識が表出する機会を作りだす。

　このゲームを遊んで貰っていると、一見して意外ではあるが、実は多様性そのものを示唆しているような局面がゲーム中に立ち現れることがある。たとえば、初期設定から「世帯内の自分以外が全員、"敵"」という設定をランダムに引いてしまったプレイヤーがいた。プレイヤーは、その初期設定の不穏さに苦心しながらも、「実際に兄弟仲が悪いものの、なんとか紐帯を維持している家庭」という風景を描写することで、ゲームをクリアしようとした。

　こうした家族像は、自民党草案で示唆されるような家族像からはかけ離れた家族像かもしれない。しかし、そのような不和を日常的に抱えながら世帯としての営みを続ける家庭は、十分にありうるだろう。『ファミリーズ！』のようなランダム性を備えたゲームは、「家族」に関わる個々人のべき論をいったんまぜこぜに切り混ぜ、個々人の「家族」経験

の外にありえたはずの、思考実験的機会が生み出されるような装置として機能しうるはずだ。

　既存の（特に商業の）会話型RPGには、伝統的にはファンタジーやSFなど、現代社会の身近な題材よりも超常的なものを扱う伝統が多かった。その点で、会話型RPGを社会学的な質的研究のツールとして使うことには、批判可能な点や、吟味の必要な点もまだ多いと思われる。しかしながら、「ある架空の状況をゲーム的に設計して、その制約の中でどのような立場から問題を解決すればよいかを話し合う」という点に着目すれば、ゲーミングを用いた質的研究の可能性はまだ多く残されていると言える。

文献

「自民党憲法改正草案」http://constitution.jimin.jp/document/draft/（最終閲覧：2019年7月31日）

木戸功(2010)『概念としての家族　家族社会学のニッチと構築主義』新泉社

浅川河畔スタジオ([2010] 2017)『ファミリーズ！電書版』(https://conos.jp/products/families/)（最終閲覧：2020年5月10日）

高橋志行(2019)「盤上の同一性、盤面下のリアリティーズ　会話型ロールプレイングゲームにおけるゲーム論×相互行為論」『多元化するゲーム文化と社会』ニューゲームズオーダー、114-138頁

Holstein and Gubrium(1995), The Active Interview, Sage.（＝2005, 兼子一ほか(訳)『アクティヴ・インタビュー　相互行為としての社会調査』せりか書房）

Burr, V. (2003), Social constructionism, 2nd edition, Routledge.

Morgan, David H. J. (2011) Rethinking Family Practice. Palgrave Macmillan.

Parker, Ian. (2004), Qualitative Psychology: Introducing Radical Research, Open University Press.（＝2008, 八ツ塚一郎(訳)『ラディカル質的心理学　アクションリサーチ入門』ナカニシヤ出版）

Duke, R. D., 1974, Gaming: The future's language. Sage.（＝2001, 中村美枝子・市川新(訳)『ゲーミング・シミュレーション　未来との対話』ASCII）

論中で指摘されていたように、当人の実際の生活とは異なる家族のあり方を、「思考実験的」に経験できる点がほかの質的調査とは大きく異なる点だろう。アンケートやインタビューを併用し、ゲームのプレイ前後で意識やイメージがどのように変わったのか等について調査できればさらに発展的な研究になるのではないか。

19

日本で広がる体験型ゲーム LARP
──ライブ・アクション・ロールプレイの由来と現状

ビョーン＝オーレ・カム（京都大学 文学研究科 講師）

1．LARP（ラープ）とは何か？

　LARPは即興劇的な物語の共同制作とゲーム要素を組み合わせることで、人々が自分と異なる世界を体験する方法である。LARPは、別世界を楽しむ娯楽ではあるが、教育的な企図を持つものもある。なおLARPという呼称は、Live-Action Role-Playの頭文字をとったものである。

2．LARPが何に似ているか

・企業のロールプレイング研修に似ているが、練習よりも物語の共同制作や体験に重点を置く。
・設定された状況に基づき、プレイヤーが演劇のような役柄（キャラクター）を演じるが、演劇と異なり、セリフの台本はなく、観客もいない。
・LARPは、小説や映画で観ていたような物語世界を体験させる。例えば、プレイヤーは、様々な特性（年齢、ジェンダー、種族等）や能力、動機を決定して、「指輪物語」に出てくるような人物となり、即興で行動し、柔らかい剣を使って戦い、謎を解く。映画などと違い、参加者は、単に観る存在ではなく、自分の物語の主人公になる。
・「ファイナルファンタジー」のようなビデオゲームRPGや、「ソードワールド」「クトゥルフ神話TRPG」のようなテーブルトークRPG

(TRPG)と同様に、LARPの各ジャンルにもルールやチャレンジ（戦闘・謎解きなど）はある。しかし、芸術・教育・政治の文脈で実施されるLARPは、戦闘や魔法のルールよりも、プレイヤー間の相互作用や、キャラクターの内面を表現するためのテクニックに力点がある。

・時間は3時間〜1週間（宿泊含む）、人数は5人〜8千人、スペースは1部屋から数ヘクタール規模の野外会場など、LARPの仕組は多種多様だ。

3．LARPが日本に来た方法

私が日本のRPG史と文化について研究を始めた2010年には、LARP団体はなかったが、2012年には「ティンタジェル」という中世欧戦闘技術学校（東京・目白）でLARPが初めて実施された。使用されたのは、「ドラゴンシス」といドイツ語のルールブックの和訳であり、世界的に主流なファンタジー系のLARPだった。

2013年に結成されたLARPサークルの「レイムーン」（埼玉）は、頻繁にイベントを開催しており、2016年にはそのメンバーが普及団体の「CLOSS」を設立した。「CLOSS」は、初心者向けのガイドブックだけでなく、ホラー系のルールブックを作成し、コミックマーケットやゲームマーケットなどの同人イベントでLARPを紹介した。その結果、日本には、現在10以上のLARPサークルがある。

4．LARP研究＝LARP体験

LARPの仕組と同様に、LARP研究は多種多様なのだが、プレイヤーの体験を理解するには、研究者自身が参加し、内側から分析するという「イーミック」なアプローチが役立つ。参与観察、すなわち、研究

対象の一員となってグループの活動・生活に参加し、そこでの観察を記録・分析する作業は、エスノグラフィーの主な方法である。私は、現代人の生活世界を考慮し、ネット内の情報とネット外での動きの両方を研究対象にするサイバーエスノグラフィーという考え方を採用して日本のLARPを研究した。

　私は、SNS等（オンライン）で知ったホラー系LARPのイベント（オフライン）にプレイヤー参加し、他の参加者に対面で、対面で答える時間のない参加者にはオンラインでインタビューした。「イベントの恐怖シーンはどこだったか」だけでなく、「実際に恐怖を経験したか、それとも雰囲気に合わせて感情を演じただけか」といった質問に答えてもらった。

　観察のメモやインタビュー記録を分析した結果、イベントでは、日本のホラー映画を引用したシーン、例えば「リング」の貞子のように長い髪の幽霊の登場などに参加者は恐怖を抱き、しかも、見せかけではなく実際に恐怖したのだとわかった 。プレイヤーの「リング」への恐怖の感情が、キャラクターとしての恐怖をもたらしたように、キャラクター・プレイヤーの間の知識的・情緒的な相互作用が起きている。この相互作用を「ブリード」と呼び、研究の際の重要な視点としている。上のようなホラー系LARPは情緒的ブリードを目指すのに対して、教育LARPは知識的ブリードを目指している。

　私は、自身のひきこもり研究を翻訳し、『安心からの脱出』という教育LARPをデザインしたことがある（プレイマニュアルをウェブ公開中）。このLARPでは、現在の状況を維持する事には弊害を伴うが、現状の慣れ親しんだ世界を捨てて 、別世界へ出ようとするのにも弊害を伴うというジレンマを取り上げられる。具体的には 参加者は映画「インサイドヘッド」(2015)のように擬人化された感情になり、上記のジレンマについて議論することになる。

5．今後の課題

　LARPは、興味深い研究対象であると同時に、研究成果を発表するための魅力的なツールでもあることを言い添えておきたい。両面についての

研究は初期の段階であるので、例えば、キャラクター・プレイヤーの間の
感情的移動についての調査は大歓迎である。

文献

Fatland, E., (2014)「A History of Larp」『Larpwriter Summer School』https://youtu.be/Rf_
　　gej5Pxkg(最終閲覧：2021年6月16日)

Kamm, B-O; Becker, J., (2016),'Live-Action Role-Play or the Performance of Realities'. In
　　Simulation and Gaming in the Network Society, Kaneda et al. (eds), 35–51. Springer

Kamm, B-O., (2019),' A Short History of Table-Talk and Live-Action Role-Playing in Japan:
　　Replays and the Horror Genre as Drivers of Popularity'. Simulation & Gaming 50 (5), 621-
　　644.

小田博志(2010)『エスノグラフィー入門 「現場」を質的研究する』　春秋社

LARP学会Knutepunkt論文集(英語)：https://nordiclarp.org/wiki/Knutepunkt-books(最終閲覧：
　　2021年6月16日)

日本体験型ゲームLARP普及団体CLOSS：https://closs.larp.jp(最終閲覧：2021年6月16日)
　　accessed in 12.05.2020.

『安心からの脱出』マニュアル：https://www.b-ok.de/ja/vsc_larp(最終閲覧：2021年6月16日)

企業のロールプレイング研修との違いとして、LARPは物語の
共同制作や体験により重点を置いているという点が興味深か
った。企業のロールプレイング研修の場合は問題解決を目的と
している一方、LARPの場合は問題解決ではなく仲間と一緒に
物語を作る過程そのものを楽しむという違いがあるのではない
かと感じた。
また教育的なLARPについても気になった。近年教育の現場
ではアクティブラーニングの導入について議論されているが、
問題解決を目的とするディスカッションではなく、体験そのもの
を楽しむLARPをアクティブラーニングの現場に導入すること
で、異なった教育の在り方を考えるきっかけになるのではないだ
ろうか。

第3部

メディア・コンテンツについて考える

ヒトとヒト、ヒトとモノ、ヒトとコト…。こうした様々な対象の「間に入って何かを伝えるもの」をメディアと言います。そのメディアに乗って流れる「情報の内容」のことをコンテンツと言います。コンテンツは人々に何をもたらしてくれるでしょうか。

20

『僕のヒーローアカデミア』に見る現代の理想のヒーロー像
——マンガ作品で描かれるヒーローの分析

湊川真以（奈良県立大学 地域創造学部 卒業生）

1．はじめに

　今回分析対象として取り上げる堀越耕平の『僕のヒーローアカデミア』（以下『ヒロアカ』とする）は、2014年から現在まで『週刊少年ジャンプ』で連載されている人気漫画である。この作品はアニメ化もされており、2018年夏には劇場版も公開された。このように『ヒロアカ』は現代社会に広く受け入れられている作品の一つであるといえる。そこで本稿では、『ヒロアカ』で描かれるヒーロー像に注目し、それを分析することで現代社会が求めているヒーロー像はどのようなものなのかを明らかにする。

　横山宏介（2017）は、「母」「アメリカ」「成長」というキーワードを中心に、『ヒロアカ』の物語を分析している。横山は、『ヒロアカ』と他のジャンプ漫画での「母」の描かれ方の違いなどに注目し、『ヒロアカ』がジャンプ漫画の典型的な流れとは違い、近代内部での成長ではなく、近代の始まりまで遡り主人公の成長によってそれを辿り直す物語として描かれていることを指摘している。しかし、横山の論考では、現代社会が求めるヒーロー像については論じられていない。そこで本稿では、単行本の6〜7巻を中心に描かれているステイン編に焦点を当てて分析する。

2．ステイン編の概観

　まず、今回取り扱う『ヒロアカ』について紹介する。ヒロアカでは、世界総人口の約8割が何らかの特異体質である超人社会となった世界が舞台となっている。ここでは、かつて誰もが空想し憧れた「ヒーロー」という職業が存在し、脚光を浴びていた。主人公の緑谷出久（通称：デク）も、平和の象徴と呼ばれるオールマイトという一人のヒーローに憧れ、いつかプロヒーロー（以下、プロ）になるという夢を持つ。しかし、デクはヒーローを目指す上で必要不可欠と言える「個性」（特異体質のこと）が発現せず、無個性であることを知る。だが、憧れのヒーローであるオールマイトと出会い、個性を譲渡され、名門である雄英高校ヒーロー科に入り最高のヒーローを目指し成長していくという物語である。補足として、プロになるには資格取得が必須であり、ヒーロー科の生徒であっても、資格未取得者が保護管理者の指示なく個性で危害を加えることは、相手が犯罪者の場合でも重大な規則違反となる。

　ステイン編は、強い思想を持った「ヒーロー殺し」と呼ばれるステインを中心に展開していく。デクのクラスメイトである飯田天哉の兄がヒーロー殺しに襲われたことにより、デクもこの事件に関わることとなる。天哉は尊敬している兄が襲われヒーロー生命を絶たれたことを知り、私怨でステインを殺そうとするが敗れ、「自らを顧みず他を救い出せ／目先の憎しみに捉われ私欲を満たそうなど……／ヒーローから最も遠い行いだ ハァ……」（6巻141-142頁）と言われ「贋物」と判断される。そこに現れるのがデクである。天哉のことを心配していたデクは、プロの指示を無視する形で天哉を見つけるため一人で走り出す。本来なら資格未取得者であるデクがステインを相手にしたとしても保護管理者の指示なしに戦闘を行ってはいけないことを理解しているが、デクは天哉を守るためにそのことを考える間もなく動き出していた。そのステインとの戦いの中で、ステインを倒すというよりも天哉を守り救おうとする姿勢で、本物になる可能性があると判断され、生かされる。また、デクが位置情報を一括送信していたこともあり、クラスメイトの一人も応援に駆け付ける。クラスメイトがプロにも助けが必

要になる可能性を伝えていたため、プロが到着するまでの時間内で決着がつかなければヒーロー側が勝利するという展開になる。そして、デクたちに鼓舞され、私怨ではなくヒーローとしてステインに立ち向かうことを決めた天哉とデクたちにステインは敗れる。その後、プロと合流を果たすが、他の場所から逃げてきた敵にデクが襲われる。しかし、意識を失っているはずのステインに助けられる。その際にステインは「贋物…／正さねば…／誰かが…血に染まらねば…！／"英雄"を取り戻さね！！」(7巻54-55頁)というセリフを残す。

3．人々に求められている理想のヒーロー像

　以上から、現代の人々が求めているヒーロー像とはどのようなものであるかを考察していく。ここで、天哉はヒーローとしてではなく私怨を晴らすために動いている贋物、いいかえると正義を振りかざすだけで、実際は自分のために動いてしまっている人物として否定的に描かれている。それは、殺人犯でありながら人々の心の奥深くに力強く語りかけるようなステインの天哉への言動にも見て取ることができる。正義という建前を使って相手を攻撃しながら、実際には自分の欲望を満たそうとするこの姿は、SNSで炎上を引き起こす人々の心理を思い起こさせる。

　また、ステイン自体も、ヒーロー殺しとして殺人を犯していたものの、「贋物」(現代にはびこる偽善など)を排除し、「本物」(自己犠牲の上に成り立つような純粋な正義)を求め続けた点では一種の「正義」と捉えられる。天哉が自分の満足を得るために正義という理念を振りかざす人物であるのに対して、ステインは自分の信念としての正義を貫徹し、それにそぐわないものをすべて排除する存在なのである。こうした意味での正義も、現代の原理主義的な態度と重なるものだろう。

　それに対して、デクは作中で本物のヒーローに近い存在として描かれている。だからこそ、敵であるステインでさえデクを生かそうとしたのだ。また、資格未取得者でありながら保護管理者の指示もなく戦闘を開始してしまうという行為は重大な規則違反であるため、デクのヒーローになる道を閉ざしてしまう可能性も十分にあった。しかし、

デクは自分のことでなく天哉のことを考えステインと対峙することになった。この点を踏まえるならば、人々が求めている理想のヒーロー像とは、助けを求められずとも、デクが私怨のために動いた天哉を助けたように、誰かを助けることが当たり前であり、なおかつ自己犠牲も厭わず他のために全力を尽くす者なのではないだろうか。また、偽善としての「正義」である「贋物」（天哉）を救うことで、より「本物」が「本物（＝理想のヒーロー像）」である所以を示しているのではないかと考えられる。

文献

堀越耕平（2014〜）『僕のヒーローアカデミア』集英社

横山宏介（2017）「僕はただの少年　「ヒーロー」なき時代のヒーロー漫画」エクリヲ編集部『エクリヲ』
　　vol.7、142-155頁

> 『ヒロアカ』では「ヒーロー」が職業化していること、つまり制度に内部化された存在になっている一方、バットマンのように公的制度の外部で活動をする「ヒーロー」もいる。作品内部で「ヒーロー」がいかなる社会的位置におかれているかという視点を導入した上で、他の作品と歴史的な比較や同時代的な比較をしていくことによって、『ヒロアカ』における「ヒーロー」像の類型がより精緻化されていくと思う。

▎コラム⑬　量的調査と質的調査

　レポートや論文は、ある事実をなんらかの方法で調査し、結果を考察したものです。ここから4つのコラムでは、そのうち「方法」について述べていきます。社会的事象やメディア文化を調査するための方法はいろいろありますが、大きくは「量的調査」と「質的調査」に分かれます。これらの違いは、得られる「データ」によって分けられています。前者は、数量化できるデータを扱います。それに対して後者が扱うのは、非数量的なデータです。量的と質的、それぞれの特徴についてはコラム14・15、発展的な論点は16を読んでください。（松井）

21

『機動警察パトレイバー』と
デッキアップイベント
——非場所化された聖地巡礼

山村玲央（神戸大学 国際文化学部 卒業生）

1．パトレイバーとは

　『機動警察パトレイバー』は、1988年から漫画やアニメなどで展開されたメディアミックスプロジェクトであり、20世紀末から21世紀初頭の日本を舞台に「レイバー」と呼ばれるロボットが活躍するSF作品だ。2014年から2015年にかけて公開された実写版シリーズ『THE NEXT GENERATION パトレイバー』（以下、実写版と呼称）では、劇中に登場する主役ロボット「イングラム」の実物大立像が制作されており、劇中の出動シーンを再現する「デッキアップ」イベントが日本各地で開催されてきた。実写版のシリーズ展開終了から約5年が経ち、既に公式サイトが閉鎖されている2020年現在でも、未だにイベントの出張開催の受付は続けられている。

　なぜデッキアップイベントはここまで長い間支持されるのだろうか。特に本稿では「運搬のしやすさ」と「世界観と景観の親和性」に注目して考察を行ってみたい。

2．「運搬のしやすさ」と「世界観と景観の親和性」

　アニメなどに登場する巨大ロボット・キャラクターの実物大立像はこれまでにいくつか制作されてきたが、その中でもイングラムが特徴的なのは、展示場所が特定の場所に限定されておらず、むしろ様々な場所に移動して展示されることを前提にしている点だ。これには「サ

イズ」と「移動手段の併設」が理由として挙げられる。イラストレーターの安田朗も指摘するように（安田 2014a,b）イングラムの全長は約8mと設定されており、約18mに及ぶガンダムなどと比べて非常に運搬しやすいサイズと言える。それに加えて、イングラムは常に運搬用トレーラーに繋がれた形で制作・展示されており、これは劇中の描写にも則っている。他の実物大立像の多くが建築物として固定されていたり、大掛かりな背景と共に展示されているのに比べると、そのまま一般道路で運搬可能なのは特筆すべき点である。

　一方で、作品の世界観と現実の景観の親和性も大きな特徴だ。『パトレイバー』では過去のシリーズから、開発に取り残された下町から都心部の高層ビル街に至るまで、現代日本に沿った様々な景観を丁寧に描いてきた。またベイブリッジや晴海客船ターミナルなど、実際に存在する場所も物語の中で数多く登場する。『パトレイバー』の世界は、巨大ロボットが活躍するSF的世界であると同時に、現代日本と地続きの日常空間でもあるのだ。実際、デッキアップは近未来的な都心部だけでなく、商店街のアーケードや平安神宮などでも行われており、景観による開催場所の制限は見受けられない。

　これら二つの特徴によって、デッキアップイベントは日本のほぼどこでも実現可能となっている。しかも興味深いことに、開催された場所の中には実際の作品に登場していないものも多い。つまり原典である『パトレイバー』の生み出してきたリアリティに基づくと同時に、それに縛られない拡張性を兼ね備えているのだ。一般的なアニメ聖地巡礼が原典となる作品に描かれた「聖地」を巡礼するのに対して、『パトレイバー』では、いわば「聖地になり得る場所」が無限に発見され続けていると言えるだろう。

3．非場所化された聖地巡礼

　こうした形態はアニメ聖地巡礼ではあまり見られないが、むしろ宗教において類似した事例を見出すことができる。例えばフランスのブルゴーニュ地方にある修道院・テゼ共同体では、多様な人々と共に礼拝を行うために礼拝の形式が非常にシンプルなものへと洗練されてき

た（岡本 2012a: 278）。こういったシンプルさを活かして、テゼは1978年以降ヨーロッパ各地で青年大会を開催しており、それとは別に有志による祈りの会も世界各地で行われている（岡本 2012b: 35 ただしヨーロッパ大会の開始年については、黙想と祈りの集い準備会 2013: 28）。宗教学者の岡本亮輔は、このようなテゼ共同体を「非場所化された移動可能な聖地」（岡本 2012b: 35）だと分析している。デッキアップイベントに関しても、前述したように移動可能性は非常に重要な要素として作用しており、特定の場所に限定されないという点では非場所化されているとも言えるだろう。ただしそれは場所が存在しないことではなく、むしろ無数の場所が生み出されることを意味している。

　こうした形態にはいくつかの問題もある。一つ目は、原典の物語や世界観に大きく依存することだ。デッキアップイベントの「運搬のしやすさ」と「世界観と景観の親和性」という性質は、過去作を含めた『パトレイバー』の世界観の上に成り立っており、あらゆるコンテンツにそのまま適用可能なものではない。もう一つは、持続性の問題である。デッキアップイベントは各地域で基本的に1〜数日間しか行われず、終了後にはほとんど何も残らない。そのため持続的な地域振興には活用しにくいという側面がある。

文献

黙想と祈りの集い準備会(2013)『テゼ　巡礼者の覚書』一麦出版社

岡本亮輔(2012a)『聖地と祈りの宗教社会学　巡礼ツーリズムが生み出す共同性』春風社

岡本亮輔(2012b)「テゼ共同体　若者たちの聖地」星野英紀・山中弘・岡本亮輔(編)『聖地巡礼ツーリズム』弘文堂、32-35頁

安田朗(2014a) https://twitter.com/akiman7/status/539087678285705218（最終閲覧：2021年6月22日）

安田朗(2014b) https://twitter.com/akiman7/status/539088707005849602（最終閲覧：2021年6月22日）

本稿ではアニメの聖地巡礼（『パトレイバー』のデッキアップイベント）と宗教共同体の聖地巡礼（テゼ共同体）の共通点が考察されていた。本稿は集団の移動の形式に注目していたが、アニメの聖地巡礼者は何よりも消費者としての性質も持つので、経済活動や消費行動などの側面から両者をより比較してみるのも発展性があると思った。

現実でも、作品内のようなレイバーの運搬のしやすさが効果的に作用していることが分かった。確かに特定の場所が聖地になるのではなく、移動式のモニュメントが移動をし続けることで様々な場所が聖地となっていくという考察はうなずけた。それらの「非場所化された聖地」が作品ファンの増加や興行成績に影響を与えたかどうかが知りたく思った。

| コラム⑭　量的調査

　量的調査は、数量化できるデータを扱う調査でした。国勢調査や工業調査、マスメディアによる世論調査が代表的な例です。量的調査では調査票（質問紙）が用いられることが多いですが、統一的な質問項目を多くの対象者に記入してもらうため、統計的な分析が可能です。本書の第1部には、「量」の分析を含むレポート例が収められています。しかし、量的調査で注意したいのは、サンプリングの問題です。適切な抽出を行わないと「ゴミ」データになってしまう恐れがあります（谷岡一郎『「社会調査」のウソ』文春新書、2020）。（松井）

『魔法少女まどか☆マギカ』と反復
—— フロイトとドゥルーズの理論を援用して

今井慧仁（京都大学 人間・環境学研究科 大学院生）

1．平成とループ作品

　平成においてヒットしたサブカル作品には、いわゆるループものと呼ばれる作品が数多く見られた。『ひぐらしのなく頃に』や『Steins;gate』、『Re：ゼロから始める異世界生活』、『君の名は。』等がこのジャンルにくくられる。ループものが数多く生まれ、ヒットした理由の一つには、経済的不況や震災による慢性的な喪失感に苛まれた時代環境において、時間を巻き戻すことでやり直しをはかりたいという無意識的な思いが、制作者側および視聴者側に共有されていたからであると思われる。その意味でループものは、平成という喪失の時代を象徴的に表わしたジャンルであると言えるだろう。しかし、多くのループものが正しい過去を選択し直すことによって現在を修正しようとするのに対し、2011年に放送された『魔法少女まどか☆マギカ』（以下『まどマギ』と表記）は、従来のループものの構図に明確な否を突きつけており、非常に示唆的なものとなっている。以下、筆者はこの『まどマギ』におけるループ構造の特殊性を、フロイト及びドゥルーズの反復理論と照らし合わせて論じていく。

2．抑圧と反復

　『まどマギ』のストーリーについての詳細な説明は割愛するが、おおよそ、鹿目まどかというメインヒロインを救出するため、親友の暁美

ほむらが自身の持つ魔法少女の能力を用いて何度も時間を巻き戻し、過去のやり直しをはかろうとする物語であると説明できる。しかし、この巻き戻しは何度行っても成功せず、暁美ほむらは次第に精神的に衰弱し、最終的には絶望（魔女化）の一歩手前まで追い込まれることになる。

　『まどマギ』におけるループは、なかなか抜け出せず毎晩繰り返し見る悪夢にも似た印象を視聴者に与えるだろう。かつてフロイトは、無意識ないし夢における反復を独自に理論化したが、その内容を筆者なりに要約すれば、幼少期に生じたトラウマ的な出来事が、本人の成長過程を通じて一度は深層意識に封じられるものの、その不完全な忘却ゆえに、何かをきっかけにしてフラッシュ・バックする、となる。抑圧された記憶は、悪夢やヒステリーとして一度ならず何度も反復するのである。表面的に見れば、『まどマギ』という物語は、暁美ほむらの反復強迫の物語であるとみなせる。ほむらは、まどかを救えなかったという忌まわしき過去を改変するため何度も反復し、そのつど絶望の度合いを強める。しかし、このストーリーとフロイト的なヒステリー論との間には大きな差異も存在する。『まどマギ』の反復構造は、実際にはフロイト的な反復強迫における因果関係を逆転させて描いているのである。

　そもそも、フロイトによる抑圧と反復の関係では、まず初めにトラウマ的な出来事に対する原抑圧が存在し、この抑圧に対する反動として一連の反復が生じるとされていた。しかし、ドゥルーズが『差異と反復』において示したように、実際には反復という行為を通じて抑圧が生じてくるのである。通常の理解では最初の出来事（原抑圧）の存在が仮定されがちだが、ドゥルーズによれば、このような原初は常に現在の見地から事後的に、神話として構成され直すという。これを『まどマギ』に当てはめるとどうなるか。ほむらにとって、出会った当初のまどかは、友人の一人ではあっても、他の誰にも増してことさら重要な人物だったわけではない。ほむらが最初の反復を敢行した時の目的も、同僚の魔法少女たちを助けるためであって、決してまどか一人を救おうとするものではなかった。しかし、何度もループを経ることで、ほむらは自身をそのような行為へと駆り立てる動機が、まどかと

いう一人の少女の存在そのものであったかのような錯覚に陥るのである。

　作中に登場するインキュベーターと呼ばれる存在が執拗にまどかを狙う理由も、この反復構造による。作中でまどかは、他の魔法少女に比べて潜在的にはるかに膨大な力を有していると語られている。インキュベーターは、そのまどかの膨大な力を利用することで宇宙全体の熱量の維持を図ろうとするのだが、ここで重要なのは、初めからまどかにそのような力があったわけではないということである。通常であれば、元々まどかに膨大な力があり、インキュベーターがまどかを狙い、ほむらがそれを阻止しようと時間を何度も巻き戻しているといった順序が想定されるが、作中でも明らかにされるように、まどかがこのような膨大な力を有するようになった原因は、他ならぬほむらの反復による。実際には、ほむらが時間を幾度も巻き戻すことで、反復運動の起点がまどかに集中し（因果の束が集まり）、結果としてまどかがあらゆる時間軸における特権的な存在にされてしまったのだ。まどかは初めから因果の中心だったわけではなく、ほむらの反復が彼女を因果律の中心に置き、彼女に因果を背負わせたのである。つまり『まどマギ』は、フロイトのいう「抑圧するがゆえに反復する」というテーゼを、ドゥルーズ的な「反復するがゆえに抑圧する」（因果を負わせる）へと顚倒しているのである。

3. まとめ

　『まどマギ』が他のループ作品とは一線を画する所以は、それが、反復によって原始神話が事後的に構築される過程を描ききったところにある。『君の名は。』において顕著なように、多くのループものは過去の改変と現在の回復に主眼が置かれており、反復につきまとう過去の再構成を見落としがちなのだ。これは現実の日本とも重なる。特に3.11以降、昭和の高度経済成長期を懐古し、強く美しき日本を取り戻そうとする動きが見られる。平成も終わった今、我々はそのような麗しき過去がはたして本当に実在したのかを問い直す必要があるのではないだろうか。

参考文献
　S・フロイト／J・ブロイアー(2013)『ヒステリー研究〈初版〉』金関猛訳、中央公論社
　G・ドゥルーズ(2007)『差異と反復(上下)』財津理訳、河出文庫
　小森健太朗(2013)『神、さもなくば残念。　2000年代アニメ思想批評』作品社

平成日本の代表作に「ループもの」が多いのは確かだが、今後の課題として、そうした想像力がメジャーになった文化史的背景を探るのも重要かと思った。例えば、「ループもの」の想像力は90年代以降のゲームの興隆に明らかに影響を受けており(ゼロ年代の主要作品の多くはもともとがゲームであることからもいえる)、さらにTRPGにも遡ることができるだろう。本稿では作品内在的な分析がなされていたが、そういう意味では『まどマギ』を歴史的に位置づけることもできるのではないかと思った。

反復による「起源の創造」という鋭い視点からの考察だった。ただし、ループものに関しては「過去の改変と現在の回復に主眼」を置くもの以外にもいくつかの類型があるようなので(浅羽通明『時間ループ物語論』洋泉社)、他のタイプについても考察してみてはどうだろうか。

┃コラム⑮　質的調査

　質的調査は、数量化できないデータ、すなわち文字・図像・音声・映像といった多様なデータを扱う調査でした。代表的な方法は、インタビュー、フィールドワーク、参与観察、アクションリサーチ、内容分析、資料分析などです。この本の第2部は何らかの「質」の分析が含まれています。そのため、実際のレポート例から、質的研究の多様さがわかるのではないでしょうか。各方法を詳しく知りたい方は『よくわかる質的調査法 技法編』(ミネルヴァ書房、2009)や『質的社会調査の方法』(有斐閣、2016)がおすすめです。(松井)

23

文学作品のアニメ化から見る
改変と共通点
——坂口安吾『明治開化安吾捕物帖』からアニメ『UN-GO』へ

楢山麗（二松学舎大学 文学研究科 卒業生）

1．『明治開化安吾捕物帖』と『UN-GO』における舞台設定の違い

　坂口安吾の『明治開化安吾捕物帖』は、1950年10月から1952年8月にかけて「小説新潮」にて連載されていた作品である。これが約60年後の2011年10月に株式会社ボンズによってテレビアニメ化され、同年12月まで放送されていた。本稿では、60年という時を経て文学作品がアニメになり生じた変化を確認する。

　『明治開化安吾捕物帖』は紳士探偵・結城新十郎が明治新世相の中で起きる奇怪な事件を解決していく、一種の捕物小説（捕物を題材とした時代物の推理小説）である。推理には結城新十郎だけでなく、隠宅で自適の日々を送る勝海舟、剣術使いの泉山虎之介、戯作者の花酒屋因果など様々な人物も関わり、事件の真相へと迫っていく。

　一方『UN-GO』は最後の名探偵・結城新十郎が"終戦"を迎え、戦争の傷跡もまだ残る未来の東京で難事件に挑む。膨大な情報量と明晰な頭脳で幾多の事件を解決していた通信インフラを牛耳るメディア王・海勝麟六の推理には裏があり、新十郎は相棒を務める因果と共に、「本当の真実」をあぶり出していく。

　こうした大胆な脚色の例として『UN-GO』では第4話「素顔の家」にて「青少年健全育成条例問題」が取り上げられていたり、第9話「海舟麟六の犯罪」にて「宇宙開発」「太陽光発電」が取り上げられていたりと、時事的なトピックがあらゆる箇所に盛り込まれ随所で現代を彷彿とさせる作りとなっている。『明治開化安吾捕物帖』においてもそう

いった時事的トピックの反映はみられるため、それを現代の時事的トピックに置き換え犯罪の動機につなげられたのは『明治開化安吾捕物帖』を原案とした『UN-GO』だから可能であったと言える。

２．現代でのキャラクターの描かれ方

　アニメーション化するにあたって、主人公・新十郎の心情がより詳細に描かれるなど「キャラクターのドラマ」が新たに追加されている。これは30分という短い放送時間の中で、海勝に立ち向かう新十郎の魅力を掘り下げるために必要だったのだろうと思われる。
　ではなぜ「キャラクターのドラマ」を追加し、主人公の魅力を掘り下げる必要があったのか。ここで、近年のアニメの消費の仕方を考える必要がある。近年のアニメの消費の仕方、それはキャラクター個人に重点を置いているものが非常に多いということだ。例えば極端な例ではあるが今やキャラクターのグッズはコンビニなどでも大量に展開され、ランダム制も助長してそれらは大量に購入されている。またカフェとのコラボレーションでキャラクター個人個人のドリンクが提供されたりと、キャラクターありきでの消費が著しい。キャラクター個人の人気がアニメ・コンテンツそのものの人気に与える影響が非常に大きいと感じる。現代においてアニメ化するにあたり、『UN-GO』もそういった点を意識した作りにならざるを得なかったのではないか。また新十郎だけでなく、因果が超能力を持っている非人間として描かれている点にもそういった意図が感じられる。

３．いま文学作品をアニメ化するということ

　『明治開化安吾捕物帖』がアニメ化されるにあたって、原作を読んでいた人々の評価は今日珍しく高かった。「あの内容を30分に収めるとは」「すごく改変はされているけど面白かった」等々、60年も前に連載されていた作品を下敷きとしていることから期待半分・不安半分の目で見られていたことがうかがえる。いま文学作品をアニメ化するということは、原案の要素を残しながらも、現代に生きる人々にも受け

入れられるような作品作りをしなければならないということなのだろう。

　なお、『明治開化安吾捕物帖』は連載小説であり、『UN-GO』は連続テレビアニメであるため「連続モノ」として共通している。『明治開化安吾捕物帖』は連載していくにつれ海舟の存在が希薄になっていくなど変化が生じたが、『UN-GO』もまた話が進むにつれ変化が生じていた。『明治開化安吾捕物帖』にとどまらず、『白痴』や『アンゴウ』など他の安吾作品をも取り入れるようになったのである。『UN-GO』における新十郎の考え方や発言は安吾作品からの引用が用いられ、正直なところいま『UN-GO』を観て初めて安吾に触れた人にとっては難しい内容が多かった。結果として、新十郎個人の魅力の付与に成功したとは言い難い。

　しかし、筆者をはじめとし『UN-GO』によって新たに『明治開化安吾捕物帖』の読者を得たのもまた事実である。原作はいま文庫本で手軽に入手できるため、アニメを経て「読んでみようか」と感じた視聴者も少なくない。そういった新たな読者層を、60年経った今も獲得できる機会を与えられるのはアニメ化の魅力の一つと言えるだろう。さらに、ガイドブックやHPなども充実している今日において、作品そのものに深く入り込めるのもアニメの良いところであると感じる。

角川文庫『明治開化安吾捕物帖』

→

ハヤカワ文庫JA『UN-GO 因果論』

文献
・坂口安吾 (2008)『明治開化安吾捕物帖』角川書店
・會川昇 (2012)『UN-GO 因果論』早川書房
・諸岡卓真 (2010)『現代本格ミステリの研究　「後期クイーン的問題」をめぐって』北海道大学出版会
・大友啓史他 (2015)『ユリイカ2015年10月号　特集＝マンガ実写映画の世界』青土社

近年、文学作品や文豪を題材にしたメディア作品が溢れている。これは全集を繰り返し出版するという、オーソドックスな再生産のありようとは異なる。アニメやゲームなどの新たなメディア作品では、本稿でも指摘されているような作品間のクロスオーバーがみられたり、現代風のモチーフが取り入れられたりする。これは、「過去」の作品と「現在」のわたしたちの間にある社会文化的な距離を埋めながら作品を受け継いでいくため生み出された手段の一つだと分かった。

┃コラム⑯　量的／質的の特徴と越境

　量的調査と質的調査には、それぞれ強みがあると言われます。そのひとつにレポートや論文で立てた「仮説」との関係があります。量的調査は、ある仮説を「検証」するのに向いています。統計的に意味のある回答からある事実が確認できた、ということですね。それに対して質的調査は、仮説の「発見」に適していると言われます。つまり、ある質的データから（まだどの研究者にも知られていないような）興味深い社会現象・文化事象があると指摘するわけです。さらに、近年では、こうした量的／質的調査の両方を組み込んだ「混合調査法」と呼ばれる方法もしばしば用いられます。最後に、量的／質的の区別自体への批判にもふれる必要があるでしょう。この両者の区別は「調査」という行為を理解するために用いられる便宜的なものです。そのため、自分のテーマと研究対象に適した調査方法を選択するのが最も重要でしょう。（松井）

24

「セカイ系」から
異世界ライトノベルへ
—— オタクをめぐる言説の論点変化に注目して

金子亮太（二松学舎大学 文学研究科 博士前期課程 修了生）

1．異世界ライトノベルの隆盛

　昨今、物語の舞台や設定として異世界が登場するライトノベル（以下、「異世界ライトノベル」と指呼する）が人気を博している。タイトルに「異世界」を含むライトノベルの出版点数に限っても、2011年には6点だったものが2014年には106点、2017年には384点へと急増している。このような動向については、一般に「小説家になろう」をはじめとする小説投稿サイトから書籍化された作品群の影響だとされるが、もちろんそれ以外のライトノベル作品においても異世界を扱ったものは数多く存在している。それでは、これらのライトノベル作品に表象される異世界とは、いかなる世界なのだろうか。

　異世界ライトノベルは、何かしらの劣等感を抱いている人間（あるいは、ごく普通の人間）が異世界への移動や異世界の生命体との接触をつうじて、世界の命運を担わされたり、異世界の発展に寄与したりする内容が主である。これらの物語の設定は M・エンデ『はてしない物語』や J・K・ローリング『ハリー・ポッター』シリーズなどに代表されるように、児童文学では典型的な英雄譚類型として位置づけられる。だが、このような類型は、2000 年代に流行した「セカイ系」（主人公とヒロインの日常の問題と世界規模の大きな問題とが、社会を挟むことなく接続された物語の総称）と呼ばれる物語群にも見受けられるため、異世界ライトノベルとこれらの物語群とのあいだには連続性がある。

　本稿では2000年代を通じて大きな文学運動へと進展した「セカイ

系」の作品から、昨今において人気を博している異世界ライトノベルに至るまで、いくつかの作品に含まれる異世界表象を分析の俎上に載せ、その変遷を考察する。とはいえ、そのようなテーマ性をもつライトノベル作品は急増しており、そのすべてを精査することは到底不可能である。そのため、本研究では「セカイ系」の作品を起点とし、「なろう系」（「小説家になろう」発の作家や作品を指し、とくに主人公が異世界で活躍する物語展開を揶揄する際に用いられる）という言葉が使われはじめる2014年までにシリーズが開始されたライトノベル、そのなかでも人気や話題性のあった5つの作品——具体的には『イリヤの空、UFOの夏』（2000年、以下『イリヤ』と略記）、『ゲート 自衛隊 彼の地にて、斯く戦えり』（2006年、以下『ゲート』）、『デート・ア・ライブ』（2011年、以下『デアラ』）、『アウトブレイク・カンパニー：萌える侵略者』（2011年、以下『OBC』）、『異世界食堂』（2013年）——をとりあげ、それらの特徴を抽出した。

２．異世界の住民

　異世界ライトノベルにおいて、主人公は異世界の住民たちと何らかのかたちで関わる。まず、これらの作品に登場する「異世界の住民」に注目してみよう。『イリヤ』ではエイリアンの存在が語られ、受け手に異星・宇宙的な異世界像をイメージさせる。他方、それ以外の4作品において、異世界はファンタジー的なものとして表象される。『ゲート』『OBC』『異世界食堂』ではエルフやドラゴンなどが登場し、『デアラ』では異世界から現れる生命体は精霊という名で呼ばれている。

３．異世界と関わる手段

　次に、物語のなかで主人公たちがいかなる方法で異世界と関わっていくのか、その変遷をみてみよう。『イリヤ』では戦闘、すなわち「ハードパワー」を介してエイリアンと関わりをもつ。これが後の作品では、「ソフトパワー」へと変化している。たとえば『デアラ』では、精霊をギャルゲーのヒロインに見立て好感度を上げるといった、「オタク

的想像力」を用いたコミュニケーションが展開される。さらに『異世界食堂』では、関わる手段が「文化全般」へと拡張している。また、これらを一つの系譜としてつなぐ作品が、『ゲート』および『OBC』であるともいえよう。『ゲート』では、自衛隊の武力だけではなく、主人公のオタク的な視点が導入されており、他方の『OBC』においては、オタク的想像力を育むものを一つの文化として捉え、異世界と関わる手段として用いられる。

4．オタク論の変化と異世界

　表1に整理したように、以上の5作品に含まれる異世界表象の変化には、オタクをめぐる言説の論点変化と通底する箇所が認められる。相田美穂は、オタクをめぐる言説の論点が「人格」→「消費の仕方」→「モノ」へと変化している点を指摘している。まず1989年の段階で、連続幼女誘拐殺人事件の容疑者とオタクを重ねた議論が現れ、オタクを凶悪な存在ととらえるイメージが形成された。その後、対人能力の低さや、現実より虚構を重視する性質などがオタクの「人格」として論じられた。つづく「消費の仕方」に関しては、大塚英志の物語消費や東浩紀のデータベース消費などの言説によって、それを論点とする議論が展開された。さらにその後、2004年に発行された『電車男』がヒットしたことや、2005年に「萌え」が流行語に選ばれたこと等により、「モノ」がオタクを語る論点として前景化されていった。また当時、日本の文化産業の海外展開を企図して「クール・ジャパン室」が経済産業省に開設されたことも記憶に新しい。

　以上のような言説史を踏まえるならば、ライトノベル作品における異世界表象には、各時代におけるオタク論の影響を読みとることも可能なのかもしれない。

作品	オタクをめぐる言説の論点	関わる手段	
イリヤの空、UFOの夏（2000年〜）	人格	ハードパワー	
ゲート（2006年〜）	消費	ソフトパワー	オタク的想像力
デート・ア・ライブ（2011年〜）	消費		↓（拡張）
アウトブレイク・カンパニー（2011年〜）			
異世界食堂（2013年〜）	モノ		文化全般

表1：異世界と関わる手段とオタクをめぐる言説の論点の変化

文献

相田美穂(2005)「おたくをめぐる言説の構成　1983年〜2005年サブカルチャー史」『広島修大論集編』第46巻(1)、17-58頁

東浩紀(2001)『動物化するポストモダン』講談社現代新書

大塚英二(2001)『定本 物語消費論』角川文庫

第1節で異世界系ライトノベルは英雄譚類型と連続性をもつと指摘されているが、必ずしも同じものではなく、その後の分析で述べられているように、ジャンル固有の物語特性が展開されてきた。本稿では、そのような固有の展開には消費者としての「オタク」との相互作用が切り離せないという前提からオタク論との影響関係が論じられているが、その「オタク」とは何者だろうか。本稿で指す「オタク」の実情についてインタビュー等で調査できれば、物語制作者だけでなく消費者の動向もより明らかにできるだろう。

25

ライトノベルのコンテンツ生産力を支えるもの
—— 多様な作家・作品を生み出す仕組み

山中智省（目白大学 人間学部 専任講師）

1．本稿の問題意識と目的

　主にマンガ・アニメ風のキャラクターイラストをはじめとしたビジュアル要素を伴って出版されるライトノベルは、文庫本を中心に市場で一定のシェアを占めるとともに、「活字離れ」や「読書離れ」が叫ばれてきた日本の若年層を読者として獲得している。また、近年では主流の文庫本にとどまらず、四六判の単行本や電子書籍でも多種多様な作品が刊行されており、メディアミックス展開や海外諸国での翻訳出版も活発に行われるなど、依然として活況を呈している（山中 2019）。そして、こうしたライトノベルの隆盛をもたらしてきた／いる原動力とは何かを考える時、特筆すべきと思われるトピックの一つが、毎年2000点以上の新刊を世に送り出すとともに、ライトノベルを「多様化と構想力の爆発が生じている領域」（出口 2009：295）とまで言わしめるほどに秀でた、そのコンテンツ生産力の高さである。

　では、この高い生産力はどのように支えられているのだろうか。本稿では、ライトノベルが多様な作家・作品（＝コンテンツ）をコンスタントに生み出し続けている要因に迫るため、長年にわたり作家・作品の供給源として重要な役割を果たしている公募新人賞と、新興の小説投稿サイトやWeb小説コンテストの存在に着目し、作品の公募要件や供給先などの分析を通じて、コンテンツの生産／供給に関わるその機能と特徴を明らかにする。

２．ライトノベルの公募新人賞の機能と特徴

　ライトノベルの公募新人賞は各専門レーベル、あるいは版元の出版社が年１〜２回程度開催し、狭き門を突破した受賞作は専門レーベルから書籍化されるのが一般的である。例えば業界最大手である電撃文庫（KADOKAWA）の電撃小説大賞の場合、第25回（2018年）の応募総数は4843作品、受賞作は9作品であった。なお、開催の主目的は有望な新規作家・作品の発掘と育成にあり、純文学の文学賞のように既存作家・作品を特権化する性格は薄いため、これらの賞はあくまで作家デビューと作品刊行の入口と位置づけられている（玉川 2004）。そして、特に電撃文庫は「面白ければなんでもあり」というコンセプトを背景に（三木 2015）、電撃小説大賞の募集要項には作品のジャンルを不問とする旨が明記されてきた。同様の趣旨やコンセプトは他の賞にも見受けられるため、ライトノベルの公募新人賞では総じて、作品の多様性を許容する姿勢が顕著だと言えるだろう。

　こうした公募新人賞の機能と特徴は、前掲の玉川の研究以降も大幅な方針転換はなされていないが、興味深い変化として新規受賞部門の設置を指摘しておきたい。例えば玉川も分析対象とした電撃小説大賞では、第16回（2009年）から同賞内にメディアワークス文庫賞を設けている。これはライト文芸の専門レーベルであるメディアワークス文庫の創刊を受けたもので、受賞作は電撃小説大賞の応募作全体から選出される。すなわち、多様性を許容する同賞の間口の広さは維持しつつ、新たに発掘・育成した作家と作品に応じた供給先として、読者層とカテゴリーが異なる電撃文庫とメディアワークス文庫が選択可能になったのである。そして、共通する特徴は新興の小説投稿サイトと、サイト上で募集される小説賞などにも見出すことができる。

３．作家・作品の供給源と供給先の様相

　2010年代以降、ライトノベルの作家・作品を発掘可能な場として注目を集めたのが、「小説家になろう」や「エブリスタ」をはじめとするWeb上の小説投稿サイトである。この背景には、各サイトで人気を博した作

品群が次々に書籍化され、メディアミックスを含む商業展開で成功を収めたことがある（飯田 2016、田島 2016）。直近の事例では、長月達平『Re：ゼロから始める異世界生活』、暁なつめ『この素晴らしい世界に祝福を！』、伏瀬『転生したらスライムだった件』等が挙げられるだろう。

　こうしたなかで、Web発のUGC（ユーザー生成コンテンツ）が持つ多様性や訴求力に着目した出版社は、自ら小説投稿サイトの運営に乗り出し、ライトノベルにも作家・作品を供給できるWebプラットフォームを整備し始めていく。その代表格と言えるのが、2016年にKADOKAWAがサービスをスタートさせた「カクヨム」である。そして先の公募新人賞で見た特徴は、この場の動向にも顕著にあらわれていた。以下の表は電撃小説大賞と、「カクヨム」上で開催されるWeb小説コンテストを例に、これらがライトノベルに作家・作品を供給していく流れを踏まえ、個々の概要と特徴を比較したものである。

サンプル	電撃小説大賞 （第25回・2018年10月結果発表）	カクヨムWeb小説コンテスト （第4回・2019年5月結果発表）
形式	公募新人賞	オールジャンルのWeb小説コンテスト
応募資格	不問	カクヨム会員（個人・要登録）
募集内容	オリジナルの長編および短編小説。ファンタジー、SF、ミステリー、恋愛、歴史、ホラーほかジャンルを問わず。未発表の日本語で書かれた作品に限る（他の公募に応募中の作品も不可）。	自ら創作したオリジナル作品（一次創作）のみ応募可能。長編・連作短編等小説の形式は不問とする。募集部門は、異世界ファンタジー、SF・現代ファンタジー、キャラクター文芸、恋愛、ラブコメ、ホラー・ミステリーの6部門。応募作品の内容は、日本語で記述されたものに限る。
受賞部門	大賞・金賞・銀賞・メディアワークス文庫賞 電撃文庫MAGAZINE賞・選考委員奨励賞	大賞（各部門1名） 特別賞（各部門若干名）
応募数	4843	3708
受賞作品数	9	34
供給先 （刊行先）	電撃文庫・メディアワークス文庫・電撃文庫MAGAZINE	選考に参加したKADOKAWAの各レーベル（ライトノベルの専門レーベルを含む複数のレーベルのいずれかが刊行）
特徴	業界最大手の公募新人賞。「面白ければなんでもあり」という電撃文庫のコンセプトを背景に、多様な作家・作品を許容している。同賞の受賞作は主に、読者層とカテゴリーが異なる2つの専門レーベルから刊行されるのが通例である。	小説投稿サイト「カクヨム」で作品を募集するWeb小説コンテスト。ライトノベルの公募新人賞と同じく、多様な作家・作品を許容する方針を明確にしている一方で、受賞作品の数と刊行先のバリエーションの多さが目立った特徴である。

表：電撃小説大賞とカクヨムWeb小説コンテストの概要と特徴

4．本稿のまとめ

　表からも見て取れる通り、電撃小説大賞はメディアワークス文庫賞を設けたことで、応募作の多様性を許容する方針はそのままに、作家・作品の供給先をライト文芸へと拡大した。また、KADOKAWAは小説

投稿サイト「カクヨム」と、電撃小説大賞に並ぶ間口の広さを持った
Web小説コンテストを併用しつつ、多様な作家・作品をより多く発掘
して、ライトノベルの専門レーベルを含む最適な供給先に送り出す仕
組みを整えていた。

　こうした作家・作品の供給源の多様化、ならびに供給数や供給先の
拡大は、ライトノベルが持つ「多様化と構想力の爆発が生じている領
域」としての性格を強化することに加え、「面白ければなんでもあり」
という許容姿勢も相まって、多くの若年層読者や作家志望者をライト
ノベルへと誘引し得る。したがって、これこそがライトノベルの秀で
たコンテンツ生産力を生み、その維持を可能にした重要な要因だと本
稿は考える。さらに、以上の特質をコンテンツ産業の観点から捉え直
すなら、ライトノベルとは単なる小説の一形態にとどまらず、様々な
文学制度やプラットフォームを貪欲に取り込んで継続的に新たな作家・
作品を生み出す／媒介することに長けた、現代日本の出版メディアと
見なすことができるだろう。引き続き、今後の動向が注目される。

文献

玉川博章(2004)「ヤングアダルト文庫における新人発掘・育成プロセスについて　コバルト・ノベル大賞と電撃ゲーム小説大賞を中心に」『比較社会文化研究』15、九州大学大学院比較社会文化学府、99-108頁
出口弘(2009)「絵物語空間の進化と深化　絵双紙からマンガ・アニメ・フィギュア・ライトノベルまで」出口弘・田中秀幸・小山友介(編)『コンテンツ産業論　混淆と伝播の日本型モデル』東京大学出版会、287-339頁
三木一馬(2015)『面白ければなんでもあり　発行累計6000万部―とある編集の仕事目録』KADOKAWA
飯田一史(2016)『ウェブ小説の衝撃　ネット発ヒットコンテンツのしくみ』筑摩書房
田島隆雄(著)／ヒナプロジェクト・博報堂DYデジタル(監修)(2016)『読者の心をつかむ WEB小説ヒットの方程式』幻冬舎
山中智省(2019)「ライトノベルへのアプローチ」日本出版学会関西部会(編)『出版史研究へのアプローチ　雑誌・書物・新聞をめぐる5章』出版メディアパル、57-80頁

Web発の作品群といえば、近年Twitterに投稿され
たツイートをまとめた本がいくつか出版されており、「公
募」による出版だけでなく、人気が出れば出版できる
という状況がTwitterによって実現されてきた。このこ
とからSNSが、出版業界の状況を変化させつつあると
いうことも考えられるかもしれない。

26

「特撮」論争における意味の多層性
——雑誌『スターログ』の分析を通して

真鍋公希（関西国際大学 社会学部 講師）

1．はじめに

　1977年に封切られた第1作目の『スター・ウォーズ』は、モーション・コントロール・キャメラなどの新しい映像技術を積極的に利用した点でエポックメイキングな作品であった。その衝撃の大きさは、公開当時から現在に至るまで『スター・ウォーズ』シリーズの映像技術が注目を集め、多くの機会に語られていることからも明らかだろう。本稿では、こうした新しい映像技術の登場が「特撮」概念に与えた影響を検討する。これによって、当該時期の「特撮」をめぐる言説をジャンル的観点から分析した森下達（2016）では扱えなかった、技術としての「特撮」概念の多層性を明らかにしたい 。具体的には、雑誌『スターログ』（ツルモトルーム）に掲載された視覚効果技術をめぐる論争を事例に、「概念分析」（酒井ほか編 2009）を試みる。

2．操演／コンピュータ論争における「特撮」概念

　分析する論争は、1981年10月号の読者投稿欄に掲載されたコメントに端を発する。この投稿では、『連合艦隊』（1981）の「特撮」が40年前から進歩していないことを批判し、「吊りのテクニックなんて、8m/m特撮みたいなことを自慢してないで、コンピューターSFXを導入しないと、本当に世界のSFX界から取り残されてしまう」（36号: 105）という主張がなされた。これに対し、旧来の操演技術を擁護する投稿が

11月号に掲載され、さらに再反論が寄せられるなどして翌年1月号まで投稿欄での議論が続いた。加えて、1982年4月号ではこの論争とその反響をまとめた特集「読者緊急シンポジウム　操演か!?　コンピュータか!?　日本SFX界の明日はどうなる…」が組まれている（42号：60-3）。このことから、この論争が当時の読者の注目を集めていたといえるだろう。

　それでは、この論争において「特撮」概念はどのように使用されているのか。まず注目したいのは、「特撮」と「SFX」が技術一般を指して互換的に使われる場合と、「『連合艦隊』は日本特撮界のミニチュア・ワークと操演技術の成果だったのか？　はたまたハリウッド流コンピュータSFXに遅れをとった失敗作だったのか？」（42号：60）という小見出しのように、日本／ハリウッド、ミニチュアと操演／コンピュータに対応させ、「特撮」と「SFX」が対概念として使われる場合の二つが混在していることである。つまり、ここで「特撮」概念は、視覚効果のための技術一般を包括する広義の場合と、ミニチュアや操演のような古い技術に限定される狭義の場合（このとき、対置される「SFX」も新しい技術に限定される）という2つの意味で使われているのだ。「特撮」が特殊撮影技術の略称であることを踏まえれば、新しい技術の登場によって、新たに狭義の意味が生じてきたと考えるのが自然だろう。

　次に、この2つの意味がどのような関係にあるのかを、特集の結論部分から検討しよう。

　　〔特撮とSFXのどちらがよいかという：引用者注〕2つの意見、一見正反対に見えながら、実は同じところで論を進めている。つまり、ひとつの特撮方式に対する好き嫌い、という点でしか物を見ていないのだ。でも、この特撮論争をいつまでも、そういうレベルに留めておいてはいけないのではないだろうか。（中略）結論は見えてきたようだ。今の日本の映画界には、特撮を生かすストーリーと、ストーリーを生かす特撮のアイディア、このふたつともが欠けているように思える。（42号：62-3）

　広義の「特撮」と対比させられていることから、「ストーリー」とは

単なる脚本ではなく、技術に対する内容や表現を指すものと考えられる。この「ストーリー」概念によって、結論では狭義の「特撮」／「SFX」の対立を失効させ、議論を差し戻している。このことから、広義の「特撮」／「ストーリー」の対比関係は、狭義の意味を成立させる前提であるといえるだろう。狭義の「特撮」／「SFX」の比較が議論できるのは、それが共通して「ストーリー」と対比されているから、すなわち広義の意味が成立するからなのである。

3．おわりに

『スターログ』での論争はこの結論で終結するが、狭義の「特撮」／「SFX」の対立は、その後の「特撮」をめぐる言説でも反復される。そこでは、時に、狭義の「特撮」／「SFX」の対立に対応するような「ストーリー」の分節化が行われている。

> 私は、近頃流行のルーカス、スピルバーグ等の映画を、これ迄の特撮とは別のジャンルと考えている。(中略) 平板なコンピューター・グラフィックスなぞに目もくれず、手作りのミニチュアと操演の職人芸で、寓話の世界に遊びたい、と思う。(実相寺 [1983]2001: 10)

実のところ、類似の分節化は1970年代の言説にも確認できる (石上 1973; コロッサス編 1979: 287)。これらを踏まえた「特撮」概念の通時的分析については、今後の課題としたい。

文献

石上三登志(1973)「"ゴジラ"シリーズ」『日本映画作品全集』キネマ旬報社、106–107頁

コロッサス(編)(1979)『大特撮　日本特撮映画史』有文社

酒井泰人・浦野茂・前田泰樹・中村和生(編)(2009)『概念分析の社会学　社会的経験と人間の科学』ナカニシヤ出版

実相寺昭雄([1983]2001)「夢の王国断章　円谷英二讃仰」竹内博・山本眞吾(編)『完全・増補版円谷英二の映像世界』実業之日本社、10–33頁

真鍋公希(2018)「『空の大怪獣ラドン』における特撮の機能　怪獣映画の『アトラクション』をめぐって」『映像学』99、25-45頁

―――(2020)「特撮の二つの「内側」と図解形式　少年マンガ雑誌の記事分析」岡本健・田島悠来(編)『メディア・コンテンツ・スタディーズ』ナカニシヤ出版

森下達(2016)『怪獣から読む戦後ポピュラー・カルチャー　怪獣映画・SFジャンル形成史』青弓社

> 文化について考えるとき、「世代」の問題は切り離せない。特にテクノロジーが頻繁に更新される領域では。特撮では、どのように文化が世代を越えて継承されているのか。その点についても詳しく聞いてみたい。

┃コラム⑰　一次資料と二次資料

　レポートや論文を書く際には、参考にする資料が必要になります。しかし、ひと口に「資料」と言っても、実はいくつかの種類に分かれています。特に重要なのが「一次資料」「二次資料」という分類です。一次資料とは、ある事柄について直接関わった本人が当時書いたもの、あるいはその人から当時取得したデータです。歴史学では「史料」と呼ばれます。それに対して二次資料は、こうした一次資料を材料に後で書かれたものや研究された成果です。二次資料は「二次文献」ともいいます。授業のレポートでは、後者を用いることがほとんどです。すでに誰かが研究した成果を「先行研究」として参照して、それに依拠しつつ何かを論じるわけです。一方、卒論では、さらに一次資料を検討する場合もあります。例えば、歴史を題材にした卒論では、一次資料(史料)を自分で読み解くことが求められます。また、現代社会に関するテーマの場合、メディアコンテンツやSNSの投稿データを一次資料として使うこともできます。(松井)

27

映画『貞子』の
プロモーションのあり方
——様々なメディアに登場する貞子

藤本理沙（近畿大学 総合社会学部 学部生）

1. 本稿の問題関心

　本稿では、2019年に公開されたホラー映画『貞子』のプロモーションを分析する。

　最初に貞子が映画に登場したのは1998年に公開された『リング』（中田秀夫監督）、配給収入10億を記録し、世界的に注目されるヒット作品となった（祁ほか 2014）。その中ではビデオテープを呪いの中心媒体として描かれているが、ビデオテープが過去のものとなってから制作された2012年公開の『貞子3D』ではニコニコ動画を通じて、最新作ではYouTubeを介してスマホやパソコンで呪いが拡散されていく展開になっている。このように、呪いの形態や映画の背景も時代に沿って変化している。プロモーションの仕方という観点においても、ホラー映画で配給収入10億8800万円を記録した『サスペリア』（1977）では、宣伝費2億円のうち1億円をTVスポットに費やしたほかに、惹句を強調した新聞広告やポスターがメインであったインターネットが普及した今とは大幅に宣伝手法が異なる（斉藤 2013）。

　「Yahoo!映画」の評価を見てみても、1998年公開の初代こそ4.2点とかなりの高評価を記録しているが、2012年に公開された『貞子3D』は1.5点、最新作も2.1点と全体的に評価が低くなっている。しかし、『貞子3D2』以外の貞子作品は配給収入10億円を突破しており、ヒット作品の基準を満たしているといえる。

　最新作は執筆時点で上映終了していないため最終的な数字は記せな

いが、初日からの3日間だけで2億1000万円を売り上げている。映画の評判に見合わない興行収入の高さの理由を映画のプロモーション方法から考察していく。

2．対象と方法

　　分析対象は2019年に公開された映画『貞子』の公式サイト、Twitter、YouTube に掲載されていた情報から企業とのコラボ、プロモーションに関するものを取り上げ、キャンペーン名、対象者、場所、影響力などの情報をまとめ、ひとつの表にするという方法をとった。

プロモーション区分		プロモーション名	場所	値段	対象者		
					フォロワー	投稿数	応募数
SNS	Instagram	貞子のふらっと女子旅日記〜撮って呪って進化して〜	Instagram	無料	9598	37	
	Twitter	映画『貞子』公式	Twitter	無料	46684	18158	
	Tiktok	#だれでも貞子	Tiktok	無料	11430	28	
	line	貞子	line	無料	88948		
	YouTube	映画『貞子』大ヒット上映中	YouTube	無料		13	
	投稿キャンペーン	#貞子撮った	Instagram、Twitter、	無料			イ353件 T80件
	YouTuberコラボ	水溜りボンド	水溜りボンドYouTube	無料			
イベント	フォトスポット	映画『貞子』トリックアート・フォトスポット展	有明町マルイ6階	無料			
	スタンプラリー	貞子きっと来るラリー	東京ジョイポリス	無料			
	貞子来店チェキイベ	貞子来店チェキイベ(WEGO)	5/18(土)原宿竹下通り、5/19心斎橋				コラボTシャツ購入者 先着100名
	抽選会	POCKET PARCO抽選会	ポケットパルコ				購入者対象
コラボCM	LION	休足時間コラボCM	ライオン公式YouTube	無料			
	LION	トップ スーパーNANOXコラボCM	ライオン公式YouTube	無料			
	体験型動物園izoo	動物園コラボCM	KADOKAWA公式YouTube	無料			
	MAXインドアテニススクール	テニススクールコラボCM	KADOKAWA公式YouTube	無料			
	イーアイデム	求人サイト イーアイデムコラボCM	イーアイデムWebサイト イーアイデム公式YouTube	無料			
		＜その他＞ ・白馬つがいけWOW!・岡山トヨペット(岡山)・柳家(岩手)・Tジョイ長岡(新潟) ・SAKODA(広島)、ビーライン(鹿児島)・モンテローザ・サントピアワールド(新潟) ・片町きらら・おもちゃおばけ屋敷(宮城)・お宝古市市場(山形)					
書籍関連	Magazine6月号	『貞子』×WEGO特集	Magazine6月号	無料			
	コミカライズ	貞子さんとさだこちゃん	KADAKAWA	680円			
	映画コミカライズ	貞子 映画コミカライズ	Comicwalker	無料			
	コミカライズ	終末の 貞子さん	KADAKAWA	626円			
企業コラボ	コラボドリンク	きっとクールチョコミントジェルタピオカ	ファーストキッチン	500円	商品購入者		
	JOYSOUND女王蜂	貞子×女王蜂×JOYSOUNDコラボキャンペーン	カラオケボックス	無料	来店者		
	WEGO	WEGOコラボTシャツ	全国から12店舗	3877円	店内商品購入者		
	WEGO	貞子オリジナルコラボショッパー	5/17 全国の店舗	無料	店内商品購入者		
	サンリオ	ハローキティにコラボグッズプレゼント	セブンネット	1000円前後	前売り券購入者		
	だがし夢や	抽選で100名にコラボグッズプレゼント	だがし屋	無料	来店者		
	じゃんぼ總本店	映画『貞子』公開記念プレゼントキャンペーン	じゃんぼ總本店	無料	来店者		
	タカラトミーアーツ	シャクレル貞子(フィギュア)	全国のガチャガチャ、前売り券特典	300円	商品購入者		
	キューピー	キューピー貞子(クリアファイル、ストラップなど)	オンラインショップ	1000円前後	商品購入者		
	辰巳電子工業	映画『貞子』プリ機とコラボ決定!「mina」	ゲームセンター	400円	利用者		
	落書cute	フォトデコレーションスタンプ	スマホアプリ	無料	アプリ利用者		
	ジャパンレンタカー	アクアorプリウスご利用のお客様に抽選で当たる!!	ジャパンレンタカー	無料	利用者		
		＜その他＞・ユークリッド保険(鹿児島)・近鉄パッセ(ショッピングモール)					
その他	始球式	映画『貞子』貞子ファーストピッチ〜進化した"呪い球"〜	2019/5/12札幌ドーム		来場者		
	消防庁	防火ポスター	全国				

※10〜20代を引き付ける取り組みが目立つ
※フォロワー数、投稿数は2019年8月19日時点

３．結果と考察

　この結果から、「貞子」はホラー映画の化け物役でありながら、Twitter
や Instagram などの SNS を使いこなし、若者向けの服屋でコラボ T シャ
ツ購入者を対象にしたチェキ会の開催をしたり、ライオン株式会社か
ら発売されている「休足時間」という足のむくみ取り湿布や「スーパ
ー NANOX」という最新の洗剤のコマーシャルに出演するなど、アイ
ドル的な活動も多く行っていることがわかった。このような活動を通
し、映画本編に登場する、人を呪い殺す恐怖の対象としての存在とし
ての貞子のほかに、愛らしく、親しみが湧くキャラクターという一面
を見せ、キャラクターとしてのポジションを確立していることがわか
る。また、映画本編にチャンネル登録者数403万人、ホラー・心霊・
都市伝説に関する動画を数多く投稿している人気 YouTuber、水溜りボ
ンドの2人を本人役として出演させることで YouTube を介した呪いにリ
アリティを持たせることができる上、ファンが劇場に出向くきっかけ
にもなっている。ハリウッドリメイクもされ、今や世界的ホラーアイ
コンとなった貞子ならではの様々な角度から多岐にわたるプロモーシ
ョンが組まれていることが明らかになった。

４．まとめ

　貞子シリーズが映画自体の評価は決して高くないにもかかわらず、
貞子は作品内容と切り離されてキャラクターとして人気を得ているこ
とと、有名企業や有名人とのタイアップが観客を劇場に出向かせてい
ることがわかった。今後の課題としては、貞子のように、作品内容か
ら自立した別のキャラクターとの比較を行うことで、貞子というキャ
ラクターの独自性を明らかにしていきたい。

文献

祁楽・林勝彦・佐々木和郎 (2014)「中日ホラー映画の比較研究　日本ホラー映画の優秀性の分析」
　　『映像情報メディア学会技術報告』、157-159頁

斉藤守彦 (2013)『映画宣伝ミラクル・ワールド 東和・ヘラルド・松竹富士 独立系配給会社黄金時代』洋
　　泉社

映画『貞子』公式サイト https://sadako-movie.jp/sp/（最終閲覧：2019年8月19日）

「Yahoo! 映画」https://movie.yahoo.co.jp（最終閲覧：2019年8月19日）

「一般社団法人日本映画製作者連盟　日本映画産業統計」http://www.eiren.org/toukei/index.html
　　（最終閲覧：2020年05月11日）

「貞子」という登場人物が作品内容から切り離されてキャラクターとして愛されていることが、映画自体の評価と関係なく高い興行収入に繋がっているという点が興味深かった。作品内容として恐れられるキャラクターとしての「貞子」と、企業のプロモーションなどで愛されるキャラクターの「貞子」という相反する二つの「貞子」が消費者の中でどのように両立しているのかを探求することで、キャラクターというものについてより深めることができるのではないかと感じた。

本稿では、「貞子」のロングヒットの理由を「貞子」のキャラクター化に見出していたが、作品から自立したキャラクターとして「制作者側」が意識し始めたのはいつ頃なのか、作品内の演出方法の変遷を分析することで明らかにできるかもしれない。

28

映画『帰って来たヒトラー』から考える〈かわいさの専制〉の問題

中村徳仁 （京都大学 人間・環境学研究科 大学院生）

1．脱悪魔化されるヒトラー──近年の映画作品での試み

　権力欲につき動かされたオポチュニスト、極悪非道の独裁者としてヒトラーが語られたのは、もう過去の話である。今となっては、ひとりの人間としてヒトラーがもっていた（あるいは、そのように演出されていた）ある種の「魅力」を考慮に入れて議論されることがたいていだ。そうしたヒトラー像の転換を果たしたのは、やはりここ十数年で上映されたヒトラー映画の興隆であろう。例えば、2004年に公開された『ヒトラー 最期の12日間』はその先駆といえる。そこからさらにヒトラーの脱悪魔化を徹底した作品としては、2015年にドイツで公開された『帰ってきたヒトラー』（原作小説は2012年、図①を参照）が挙げられる。後者の作品においては、もはやヒトラーはひとりの人間であるどころか、屈託のないおっさんといえるほどにまで「具体的な顔」が表象されている。

　ここでは、『帰ってきたヒトラー』という作品が提起した大胆なヒトラー像を政治学上の概念枠組みを用いながら検討する。本稿はそれをふまえながら、政治的指導者が支持者たちに与える「かわいさ」というソフトな印象がいかなる役割を果たすのかを論じ、現代の専制政治の特質を考えるための補助線を提示することを目的とする。

2．カリスマをめぐって──超人・親密さ・かわいさ

　これまで多くの研究者が、M・ウェーバーが提示した「カリスマ」概念を参照することでヒトラーの「魅力」を分析してきた。「超自然的または超人的または少なくとも特殊非日常的な・誰もが持ちうるとはいえないような力や資質」（ウェーバー 1970:70）と定義されるその概念は、ヒトラーの悪魔的な英雄性を強調するのに貢献してきた。確かに当時国民の中には、ヒトラーが醸し出す独特の孤高や冷徹さに惹かれた者も多くいただろう。しかし、それだけではヒトラーの人気があれほどまでに波及・持続しなかったのではないかと田野大輔は問題提起している。

　田野はウェーバーの議論に代えて、R・セネットの「親密さの専制」という概念を導入することで、ナチズム現象をより多角的に捉えようとする（田野 2007）。セネットは、超人的なカリスマよりも、一般人が共感しやすい世俗的で等身大の人間の方が、現代社会では民衆からの支持を得やすいことを指摘している。しかし、セネットは意図せざる形で、その説明箇所において「親密さ」からさらに踏み込んで「かわいさ」というモチーフを専制政治の分析に導き入れているのではないかというのが本稿の関心である。どういうことか。セネットは、親密さがもたらす政治的効用について以下のように述べる。「彼〔カリスマ独裁者〕の犬への愛情へ〔人々を〕集中させることができれば、彼は悪魔的人物と同じように人々を確実に縛り、盲目にすることであろう。」（セネット 1991:375：〔　〕内は引用者）

3．かわいいわんこを殺すなんて
──『帰ってきたヒトラー』の裏切り

　『帰ってきたヒトラー』は「現代のドイツにヒトラーが復活したらどうなるのか」という"if"をコミカルにではあるものの、綿密に描いた作品である。この中で、上記の引用との関りで興味深いのは、ヒトラーの動物虐待シーンである（細川 2017）。それは、コメディアンでかつYoutuberとして人気絶頂を誇ったヒトラーが失墜することになる重要

な場面である。かわいい子犬と戯れていたヒトラーはそこで、自分の言うことをきかないその子犬を、ついかっとなって射殺してしまう。その一部始終をとらえた動画は瞬く間に拡散し、ヒトラー批判の言説が一気にあふれかえることになる。皮肉にも、数百万人のユダヤ人が殺された過去よりも、一匹のかわいい子犬が殺されたことに作中の人々は憤激し、復活したヒトラーを失脚へと追い込んだのだった。

　ヒトラーが人気向上を図って、「犬への愛情」を注ぐ自らの姿を自己演出しようとしたこと（歴史的事実としても、動物と戯れるヒトラーが印刷された葉書などが当時大量に流通していた、図②を参照）は、上で引用したセネットの指摘とも相まって、単なる一表現以上の価値を帯びている。被統治者が統治者に自らの権利をあけ渡すためには、統治者への恐怖ではなくむしろ共感が調達されねばならない。特に現代のようなネット社会において恐怖政治は、世界中にその実状が簡単に拡散されてしまうので、より「円滑な」統治のためには必ずしも効果的ではない。被統治者が統治者に共感し、自発的に従うことが支配の正統性として一層必要とされるようになっているのだ。

　その中でも、「かわいい」という感情は、「怒り」や「哀れみ」などよりも、よりソフトで何気なく共感を呼び起こす作用がある 。だからこそ「かわいい」への裏切りは、政治家にとって致命的なのであって、本作のヒトラーはその導火線に火をつけてしまったがために、支配の正統性を一瞬にして失ってしまうのである。

図1：『帰ってきたヒトラー』

図2：1936年頃流通していた絵葉書「動物の友達ヒューラー」
（細川 2017：254）

文献

ウェーバー、マックス（著）／世良晃志郎（訳）(1970)『支配の諸類型』創文社
セネット、リチャード（著）／北川克彦・高階悟（訳）(1991)『公共性の喪失』晶文社
田野大輔(2007)『魅惑する帝国　政治の美学化とナチズム』名古屋大学出版
細川裕史(2017)「『帰ってきたヒトラー』　あるいは大衆文化に居つづけるヒトラー」溝井裕一・細川裕
　史・齊藤公輔（編）『想起する帝国　ナチス・ドイツ「記憶」の文化史』勉誠出版

「かわいさ」が小さいものや未熟なもの、つまり従属的な存在に向けられる感情であるという点を踏まえると、さらに考察が進むのではないでしょうか。というのも、犬（従属）をかわいがるヒトラー（支配）に共感するというのは、ヒトラーが占める支配者の立場に同一化するものでもあるといえるからです。無意識のうちに支配者への同一化を果たすカギになるのが、「かわいい」という感情なのかもしれません。

29

「バ美肉」とは何か

──バーチャルユーチューバー（VTuber）を異性装文化として分析する

高野保男（大阪市立大学 都市文化研究センター 特別研究員）

1．はじめに

　2016年12月に活動を開始した「キズナアイ」が用いた「バーチャルユーチューバー」（VTuber）という肩書が「動画投稿サイトYouTube上でCGやイラストを用いた架空のキャラクタとして自主制作した様々なコンテンツを配信するユーチューバー」を総称するようになったのは、2017年下半期のことである。以降、VTuberの数は1年足らずで優に千を超え、その一部は単独ライブを行う、テレビに出演するなど、YouTubeに縛られない多様な活躍を見せている。

　さて、本研究が考察対象として取り上げるのは、VTuberをカテゴライズする様々な枠組のなかでも、「外見的特徴が女性のキャラクタを用いた男性VTuber」である。男性が女性キャラクタに扮してバーチャルリアリティ（VR）空間で活動することを「バーチャル美少女（セルフ）受肉」略して「バ美肉」と呼ぶ。

2．研究手順および目標

　「バ美肉」は、「男性が女性キャラクタに扮する」という側面から分かるように、古来より洋の東西を問わず存在する異性装文化の一形態である。そこで、本研究は、まず、従来の異性装文化を概観し、「バ美肉」がその重要な特徴を受け継いでいることを確認する（考察(1)）。とはいえ、中身の人間が現実にいるという点でフィクションとはいえな

いが、用いているキャラクタはあくまでVR空間にいる架空の存在であるという点でフィクションではないともいえない「バ美肉」には、「現実かフィクションか」で二分できる従来の異性装文化にはない特殊性があると考えられる。本研究の最終目標は、そのような「バ美肉」の新規性を解明することである（考察（2））。

２．考察⑴：「バ美肉」の保守性

　佐伯順子は、異性装を「sexが女または男である人が、その逆のgenderを獲得するための試み」（佐伯 2009：8）と定義する。異性装をするひとが身に纏うのは異性の服だけではなく、その服を着るものと文化的に規定されている性別の社会的役割（ジェンダー）でもある。

　むろん、一口にジェンダーといっても様々であるが、異性装には特定のジェンダーにまつわるイメージを強調する側面があると佐伯は指摘する（佐伯 2009：45）。個別性を重視するならば、当然、喧嘩の強い女性もいれば臆病な男性もいるということになる。しかし、異性装は「女は弱い」（「男は強い」）などという個別性を無視したイメージの表現として機能する。たとえば『古事記』における「オウス（ヤマトタケル）ノミコトの女装が敵の油断を誘う」という展開は「女性は肉体的にも政治的にも男性より弱い」というイメージを前提としており、『ベルサイユのばら』（池田理代子）のオスカルの男装は「強い軍人といえば男性」というイメージを踏襲しているのである。

　「バ美肉」VTuberにも同様の傾向が見られる。「バ美肉」VTuberは（文字通り）美少女であり、そこでは、女性に特有のものとされている美しさや可愛さ、そして、そこから派生する様々な要素が重要な役割を担っている。この点に関しては、「バ美肉」VTuber（の多く）がそれぞれ自ら架空の女性キャラクタをデザインしていることも見逃せない。それは、シンプルなジェンダーを個人に当て嵌めるだけでは理解できない現実の複雑性を「なかったこと」とするのに大きく貢献しているからである。現に、「バ美肉」VTuberの代表格である「魔王マグロナ」は、「バ美肉勢で凄いと思うのは、見た目に自分の趣味とか性癖とかをとにかく詰め込んでる感」（魔王マグロナほか 2018：40）があることだ

と述べている。ここで示唆されているのは、キャラクタデザインによって、「バ美肉」VTuberは自らが魅力的と感じる異性のジェンダーをそのまま形にできているということである。

3. 考察(2):「バ美肉」VTuberの新規性

「バ美肉」VTuberの新規性を理解するには、その重要な特徴ではあるが、独創的とはいえない要素をまず確認しておく必要があるように思われる。それは、多くの「バ美肉」VTuberが自ら男性であることを公言しているということである。なかでも注目に値する

図

のが、2017年11月に活動を開始した「バーチャルのじゃロリ狐娘YouTuberおじさん」こと「のじゃおじ」(図)である。「のじゃおじ」最大の特徴は、(大半の「バ美肉」VTuberがボイスチェンジャーなどで声を女性化しているのに対し)声が未加工であり、一言喋ると中身が男性だとすぐに分かるという点である。「のじゃおじ」の登場は、自らの本当の性別を隠さない多くの「バ美肉」VTuber誕生のきっかけとなった。

とはいえ、それだけでは「バ美肉」VTuberが特異な存在であるとはいえない。1994年出版の『女装の民俗学』では、女装愛好者向け雑誌『くいーん』(2003年廃刊)の読者投稿欄に触れながら、はじめから異性装だと知られていて構わない、異性装を異性装として見てもらいたい(「女性になりたい」ではなく「女装を見られたい」)と考える異性装者の存在がすでに指摘されている(下川ほか 1994:17)。

しかし、「バ美肉」において用いられているのがあくまで架空のキャラクタであることを鑑みれば、それと現実世界で生身の体を用いる異性装との決定的な違いが浮かび上がる。隠すことが困難な現実の肉体的制約を踏まえての異性装と異なり、男性の肉体的特徴をそもそも備えていない理想的な女性キャラクタを用い、ボイスチェンジャーを使

えば声まで女性化できる「バ美肉」VTuberにとって、自らの性別を公言するかどうかは完全に選択の問題だといえるのである。

さらに言えば、「のじゃおじ」の活動は、「女性キャラクタには現実の女性の声をあてる」というアニメなどのフィクション上の「お約束」さえも「バ美肉」VTuberにとっては選択肢のひとつに過ぎないということを示している。従来のフィクションがその筋書きやそれ以前の常識に制約されているのに対し、あくまでキャラクタではなくその「中のひと」の活動と考えることのできる「バ美肉」の表現にはそのような制約がないのである。

4．まとめと展望

本研究が「バ美肉」について提示したのは、それが既存のジェンダーイメージの強調につながるという点で従来の異性装文化と変わらない特徴を有しながら、そこには、現実の肉体的制約および従来のフィクション上の制約を無効化しているという新規性も見られるということであった。ただし、それを既存の制約の「克服」と取れるかどうかには議論の余地があるかもしれない。

最後に本研究で触れられなかった論点に言及しておこう。おそらく、その最たるものは鑑賞者（ファン）側の論理である。たとえば、「バ美肉」VTuberに対して恋愛感情を吐露する男性ファン（いわゆる「ガチ恋」勢）は少なくないが、彼らが「バ美肉」VTuberの中身が同性と知りつつそのような感情を抱くということのメカニズムには触れることができなかった。その点を視野に入れることで、「バ美肉」考察はより十全なものになるだろう。

文献

佐伯順子 (2009)『「女装と男装」の文化史』講談社

下川耿史ほか (1994)『女装の民俗学』批評社

難波優輝 (2018)「バーチャルYouTuberの三つの身体　パーソン、ペルソナ、キャラクタ」『ユリイカ2018年7月号　特集バーチャルYouTuber』青土社、117-125頁

魔王マグロナほか (2018)「バ美肉ユーチューバーという新世界！」『コンプティーク2018年12月号増刊 Vティーク vol.2』角川書店、38-49頁

「バーチャル狐娘Youtuberおじさん。はじまります。【001】」https://www.youtube.com/watch?v=cqncAh

_28Es(最終閲覧：2019年5月7日)

「よりぬきマグロナちゃん #01」https://www.youtube.com/watch?v=ZZoegZIA8Ww(最終閲覧：2019
年5月7日)

「バ美肉」VTuber が異性装文化に共通する点が興
味深いと感じました。異性装者には「異性に見られた
い」という思い以外にも「異性装を見てもらいたい」と
いう考えの人がいるとありましたが、バーチャルの世界
で自分が男性であると公言している「バ美肉」VTuber
はどのような心理であるのかが気になりました。

▌コラム⑱　ジャーナルとマガジンの違い

　論文を探すときに、CiNii や J-STAGE、Google Scholar などの web サイト
を用いることがあります。これらは、雑誌に掲載された論文や記事などの情
報が集められた学術データベースです。さまざまな雑誌の情報が得られて便
利な一方で、注意が必要なこともあります。そのひとつが学術的な「ジャーナ
ル」と一般的な「マガジン」との違いです。両方とも、さまざまな論文や記事
が載っている定期刊行物という共通点はあるのですが、それぞれ性質が異
なります。ごく簡単にいうと、学術的なジャーナル(Academic journal)とは、学
術論文が掲載されている雑誌です。学術団体(学会)が発行している学会誌
や、大学などが発行している紀要などの種類があります。一方、マガジン
(Magazine)は一般の書店やコンビニなどで見かける、ふつう「雑誌」と聞くと
想像されるようなメディアです。マンガやゲーム、ファッションなどのポピュラー
文化や趣味に関わるものから、社会問題や事件を扱うものまで、さまざまな
種類が存在します。そして、レポートや卒論を書く際の「先行研究」として用
いる論文は、前者のジャーナルに掲載された方になります(もちろん、先行研究
としては、雑誌論文のほかに書籍、特に学術書を参照しますが、ここでは雑誌論文
に限って話をしています)。逆に、後者のマガジンに載った記事は、先行研究
とみなされないことが多いです。

　ただ、こうしたマガジンに載った記事を使うことがダメではないのです。し
かし、先行研究としてよりは、上記に挙げたような領域を対象とする文化研
究の資料として使用する場合が多いでしょう(なお、「資料」については、他のコ
ラム「一次資料と二次資料」を参照してください)。あるいは、特定の雑誌自体を
メディア研究の対象にする場合もあります。(松井)

第 **4** 部

現代社会について
考える

「社会人」という言葉があります。一般的には、学校を卒業して働いている人を指す言葉です。では、それ以外の人々は「社会」を生きていないのでしょうか？　そうではありません。人が二人いれば社会ができるとも言います。そんな様々な社会を覗いてみましょう。

30

カプセルトイと偶然性

—— 「ガシャポン」とマクドナルド化

松井広志（愛知淑徳大学 創造表現学部 准教授）

1. マクドナルド化の計算可能性・予測可能性

　現代の日本社会では、街のなかで「ガチャ」や「ガシャポン」など
と呼ばれる(*1)、自動販売機（ベンダーマシン）で売られたカプセル入り
の玩具をしばしば見かける。本稿では、こうした「カプセルトイ」の
魅力について分析していく。

　商品の購買を社会学の視座から考察した理論として、ジョージ・リ
ッツァによる「マクドナルド化」論が知られている。マクドナルド化
は、直接的にはハンバーガーのマクドナルドに代表されるファストフ
ード・チェーンの性質を捉えた議論だが、それを超えて近代社会の合
理化が20世紀後半以降の消費生活でさらに進展してきたことが論じら
れている（リッツァ 1999）。

　マクドナルド化の特徴としてリッツァは、「効率性」「計算可能性」
「予測可能性」「正確な技術による制御」の4つを挙げている。そのう
ち、本稿のテーマと特に関わるのは、計算可能性と予測可能性だろう。
計算可能性とは、商品やサービスの質よりも量（分量や時間、費用など）
が明確化されることである。また、予測可能性は、マニュアル化によ
って、いつでもどこでも誰にでも、同じ商品・サービスが提供される
ことだ。

　リスクを排除しようとするこうした流れは1980年代においてすでに
指摘されていた。さらに現在では、ネットショップや比較サイトで商
品の性質や値段をしっかり検討したうえで、投稿されたレビューも熱

心に読んで「大丈夫そう」と判断した商品を注文するような消費のしかたが一般的になってきている。そう考えると、マクドナルド化は、デジタル技術やインターネットの普及が進んだ21世紀の情報社会においてもなお顕在どころか、より進んだとも言えそうである。

　では、こうした状況のなかで、カプセルトイをどのように捉えることができるだろうか。

(＊1)なお「ガシャポン」は(株)バンダイ、「ガチャ」は(株)タカラトミーアーツによる登録商標である(https://www.j-platpat.inpit.go.jp 2019年10月15日閲覧)。そのため本稿では、これらや他メーカーによるものも含んだ包括的な呼び方として、「カプセルトイ」という語を用いた。

２．カプセルトイの歴史

　日本におけるカプセル玩具の歴史については、現在まで３度のブームがあったと言われる。これらは、売上高によっても裏付けられている（頃安編 2016：25-26）。

　カプセルトイの日本でのはじまりは1960年代にアメリカから輸入されたことだが(＊2)、その第１次ブームは1970年代後半から80年代中盤にかけて起こった。70年代後半には、コスモスが「スーパーカー消しゴム」を販売して、主に男児や少年のあいだで話題となった（池田・ワッキー 2013）。80年代前半には、バンダイほかから発売された「キン肉マン消しゴム」がマンガ原作やアニメ作品のヒットとともにブームとなった。これらから分かるように、第１次ブームの発信源は少年たちだった。

　続く第2次ブームが起こったのは、2000年代前半から中盤である。その前提として、1990年代後半にバンダイの「HGシリーズ」やユージン（現・タカラトミーアーツ）による「SRシリーズ」といった、彩色済みのフィギュアの登場があった。その後、これらのシリーズも造形のクオリティが上がっていった。さらに、こうしたリアル路線を決定づけたのが2000年代前半の海洋堂による動物やその他生物のカプセルフィギュアだった（松井 2017：第5章）。これらは、より広い年齢層に、また男性だけでなく女性にもカプセル玩具の受容を広げることになった。海洋堂はその後も、美術品や仏像といった伝統文化を題材にした

シリーズを出して、大人のホビーとしてのフィギュアを定着させていく。上記のように、第2次ブームの時期には、その担い手は女性も含んだ大人となったのである。

　最後に、第3次ブームは、2010年代半ばから現在まで続いているとされる。その内容のひとつは、子ども向けの底上げである。2014年に大ヒットしたバンダイによる『妖怪ウォッチ』の「妖怪メダル」を典型として、さまざまなキャラクターが好調だ。また、奇譚クラブによる「コップのフチ子」などを代表とする、新たな大人向けのカプセルトイの登場がある。これらは、「出オチ」や「ネタ」系とも言われる、商品の面白さ・斬新さが共通している。奇譚クラブの創業者・代表である古屋大貴は、フチ子のヒットの理由について、「世代や性別を選ばず、誰からも愛されるコミュニケーション・ツールだったから」と語っている（古屋 2014：33）。

(＊2)「毎日新聞」2015年8月23日付

3．「カプセルを回すこと」と偶然性

　では、こうしたカプセルトイの歴史を、前述した理論枠組と照らし合わせると、どういう知見が得られるだろうか。

　まず、3度のブームが起こった時期が重要である。カプセルトイが広がっていった時期の日本は、すでに消費社会のただなかにあったが、80年代から現在まで、消費社会化の深化とともにカプセルトイは一般化してきた。これは、マクドナルド化とは一見矛盾する動きである。なぜなら、ガチャを回すという行為は「どの商品を入手できるかわからない」ものであり、計算可能性と予測可能性に反しているからだ。

　そのうえで、ガチャがコミュニケーション・ツールだという指摘の前提を考えてみる。あらゆる事物がグーグルなどの検索の対象となった現在、商品の性質自体はすぐに分かってしまう。そのなかで、コミュニケーションとして「ネタ」になるためには、読み通りにはいかない、ある種の「偶然性」が要求される。カプセルトイは、まさにそうした偶然的な出会いを提供しているのである。

現代社会は、ときにポストモダンや後期近代と呼ばれ、近代社会の行き着く先にあると見なされてきた。しかし、いまでは「われわれは近代であったことはなかった」として、「非・近代」と捉えられることもある（ラトゥール 2008）。こうした思想を考慮に入れるならば、マクドナルド化が全面化したこともなかったと指摘できる。逆に、計算・予測可能性の「外」を楽しむような消費のあり方は、私たちの社会に実はずっとあって、カプセルトイはその現代における現れなのかもしれない。

文献

- 池田浩明(著)／ワッキー貝山(編)(2013)『愛しのインチキ・ガチャガチャ大全　コスモスのすべて』双葉社
- 木田元(2001)『偶然性と運命』岩波書店
- 久保明教(2019)『ブルーノ・ラトゥールの取説』月曜社
- 頃安哲雄(編)(2016)『月刊トイジャーナル』1273号(2016年11月号)東京玩具人形協同組合
- 古屋大貴(2014)『コップのフチ子のつくり方』パルコ出版
- リッツァ,ジョージ(著)／正岡寛司(訳)(1999)『マクドナルド化する社会』早稲田大学出版部
- ラトゥール,ブルーノ(著)／川村久美子(訳)(2008)『虚構の近代』新評論

※本論文は、愛知淑徳大学特定研究課題(2020年度)「伝統文化とポピュラー文化の越境についてのメディア社会学的研究」(代表・松井広志)の成果の一部である。

> 先日、水族館限定のカプセルトイを友人と回し、はしゃいだり交換したりというコミュニケーションを経験した。その場にはカプセルトイが数種類あったが、最もラインナップが可愛いものを選んだ。つまり、その台からどのトイが出てくるかは予測不可能だが、「このラインナップのどれかが出る」という点は予測できていた。それすら予測できなければ、むしろ回さなかっただろう。カプセルトイは、本稿で指摘されている予測不可能性をもつ一方で、消費行為を誘引するためのわずかな予測可能性が残されているのではないだろうか。この微妙なバランスの上に成り立つ消費行為として、大変興味深く感じた。

31

Twitterの「いいね」から紐解く
コミュニケーションのあり方
—— 仕様変更に関するツイートの分析から考える

前千尋（奈良県立大学 地域創造学部 卒業生）

1．問題の所在

　2008年から普及し始め、現在まで多くの日本人が利用している Twitterで、2017年3月に大きな仕様変更が行われた。その内容は、自分や他人の「いいね」したツイートがお互いのタイムラインに表示されるというものであった。この仕様変更は多くの利用者に否定的に受け止められたように思われる。なぜこの仕様変更は多くの人に否定的に受け止められたのだろうか。日本語利用者と英語利用者のあいだで Twitterの使用方法の違いを分析した石井健一（2011）は、日本人利用者の特徴の一つに「お気に入り（現在の「いいね」、本文では「いいね」に統一する）」の使用頻度の高さを挙げている。この特徴から、日本語利用者にとって「いいね」に関する仕様変更は大きな問題だと捉えることができる。本稿では、「いいね」の仕様変更が多くの利用者に否定的に受け止められた理由を、コミュニケーション論の視点から考察することを試みる。

2．現状と研究内容

　まず、「いいね」の仕様変更が否定的に受け止められていることを実際のツイートから確認する。この原稿の執筆時点で、仕様変更直後の投稿を検索・取得することはできなかったため、ここでは、2017年12月23日から2018年1月21日のあいだに投稿されたものを用いる。前日

の2017年12月22日から、Twitter Japan公式が#Twitter2018というハッシュタグで利用者からの意見を募り始めたため、仕様変更から半年以上経っていたにもかかわらず、この期間には「いいね」の仕様変更をめぐって多数の投稿が寄せられていた。これらはもちろん、仕様変更直後の反応と異なる可能性もあるが、否定的意見の具体的な内容の一端を検討できる貴重なデータであることに変わりはないだろう。

　この期間の投稿の全体像を摑むために、Yahooの「リアルタイム検索」の結果からみていくことにしたい。Yahooの「リアルタイム検索」機能は、検索ワードを打ち込むことでそのツイートに関する様々なデータを得ることができる。具体的には、期間内の検索ワードを含むツイートの総数や期間内のそれぞれの日のツイート数、その日に一番反応が大きかったツイート、ツイート内容を自動でポジティブ/ネガティブの感情に振り分けた結果、などである。「いいね　表示」を検索ワードとして用いると、期間内のツイート総数は12810件で、そのうち21%がポジティブな内容、35%がネガティブな内容であるという結果が示された。期間内でもっともツイート数が多かった12月29日に限っても、総数1687件のうちポジティブな内容は14%、ネガティブな内容は26%であった。以上の結果から、やはり否定的な反応の割合が多いといえる。

　それでは、否定的なツイートの具体的な内容としては、どのようなものがあるのだろうか。Twitterの検索機能で同じく「いいね　表示」を検索ワードに指定すると、以下のような否定的意見を確認できた。

　「いいねをフォロワーのタイムラインに表示するのをやめてほしい」
　「リツイートという機能があるんだから、いいねを表示する機能はいらないと思うのだよ？」
　「リツイートを表示しない、はあるのに、いいねを表示しない、は無いのよね…。本当に要らない機能だと思うよ…。」
　「○○がいいねしましたってやつまじで邪魔、FF外 (*1) は表示しないでほしい」

　こうした内容が、Yahooの「リアルタイム検索」でネガティブな内

容と判断されたものだと思われる。ここで注目したいのは、自分の「いいね」が相手に表示されることではなく、フォローしている相手の「いいね」が自分のタイムラインに表示されることが問題になっているという点である。これは、同じツイートがタイムライン上に表示された場合に、「Aさんがリツイートしました」という表示を伴っていれば気にならないが、「Aさんがいいねしました」という表示を伴っていれば違和感を覚えるということを意味している。第三者のツイートに対する反応が自分のタイムラインに表示されるという点では同じであるにもかかわらず、なぜ「いいね」が表示されることには違和感を覚えるのだろうか。

(＊1)Twitterのアカウントで、フォロー・フォロワーの関係にないことを指すネットスラング。

3. 考察と結論

　仕様変更前から他人の「いいね」を確認できることから、この違和感は秘密を偶然知ってしまった居心地の悪さではない。むしろ、どの「いいね」が表示されるかやそのタイミングが不確定であることに起因しているように思われる。奥村隆(2013)によると、E・ゴフマンは、その時々の場面に応じて望ましい印象を強調し、望ましくない印象を隠ぺいする「印象操作」と役割を演じたふりをする「自己呈示」で相互行為が成り立っていることを論じている。日常の相互行為では、不信を買わぬように役割を演じる俳優とその印象を受け取る観客が厳格に区別され、その場面の秩序が保たれるためには、俳優としてショーを完遂する「自尊心のルール」と観客がショーを援助する「思いやりのルール」が必要となる。そして、もし俳優の「自己呈示」が失敗してしまうと、本人の尊厳が損なわれるだけでなく、うまく援助できなかった観客にも不快な感情が立ち現れるのである。この対面での相互行為をめぐるゴフマンの議論が、SNS上でのコミュニケーションで生じた一例として、「いいね」が表示される仕様変更に対する否定的意見を捉えることができるだろう。つまり、「思いやりのルール」に従って相手の「自己呈示」が失敗することを恐れるからこそ、「いいね」が表

示されることに対して違和感を覚えるのである。

奥村隆(2013)『現代社会学ライブラリー11　反コミュニケーション』弘文堂
石井健一(2011)「マイクロブログ Twitter における日本人利用者の特徴」『Department of Social Systems and Management Discussion Paper Series』1277、1-7 頁 http://hdl.handle. net/2241/115334（最終閲覧：2017年12月5日）

反対意見に焦点を当てて分析していますが、賛成意見も含めて当時のツイートを抽出してより細かく分類すると、全体の傾向などもより具体的に明らかになって、今回の考察の意義や限界も見えてくるのではないでしょうか。

オンライン上のデータなので、テキストマイニング等の新しい方法を使うことも可能です。詳細は『社会調査のための計量テキスト分析』（樋口耕一、ナカニシヤ出版）などが参考になります。分析ソフトは無料のものもありますので、プログラミングに興味があれば使ってみてはいかがでしょうか。

コラム⑲　一人ブレストをやってみよう

　何かアイデアを練る時は、記憶を外部化することをオススメします。つまり、思いついたことを紙に書き連ねるのです。面白いもので、紙に書いてしまえば自分の頭の中に保持しておく必要がなくなり、その分余裕ができて、思考をさらに先に進めることができます。ブレインストーミングとは、複数人でアイデアを出し合い、新たなアイデアを生み出していく技法です。ただ、突然「アイデアを出せ」と言われても難しい。そんな時は一人ブレストです。誰にも遠慮せずどんどんアイデアを書き連ねて羽ばたかせてみましょう。このプロセスを経てこそ、他者に伝えることができます。（岡本）

Twitterの「いいね」から紐解くコミュニケーションのあり方　　161

32

Instagramで、みる・みられる・みせる
—写真共有サービス（ヴィジュアルコミュニケーションツール）利用者の「まなざし」に関する分析

林玲穂（神戸大学 人文学研究科 大学院生）

1．理論的背景と問題提起

　デジタル写真が登場する前、印画紙に焼かれた写真の多くはアルバムの内に収められることで、思い出として「みる」ものであった。一方、デジタル写真は、手軽に内から外へ、つまりインターネット上で発信、共有され、多くの人々に「みられる」ものとなっている。近年では、スマートフォン（以下、スマホ）の登場に伴うInstagramのような写真共有アプリケーションを利用して、たとえプロの写真家ではなくても、誰もが手軽に撮影と編集ができ、瞬時に世界中に共有することができるようになっている。

　10億人ものユーザー（2019年4月現在）を有するInstagramの大規模な普及がもたらしたのは、アルバムやパソコンのフォルダの中に収められる写真を撮影していた頃とは大きく異なった私たちのものの見方である。そこで、Instagramでのみる／みられる関係をもとに、SNS（ソーシャルネットワーキングサービス）における、人々のまなざしの性質について考察してみたい。

2．考察

　観光者のまなざしについて研究したジョン・アーリ（社会学者）は、観光者のものの見方に注目して、ポスト近代における人々のまなざしの性質を明らかにしようとした。アーリとヨーナス・ラースンの共著

『観光のまなざし〔増補改訂版〕』によれば、ポスト近代的なまなざしとは、様々なメディアを通して構成された視覚であるという（アーリ、ラースン 2014）。私たちは、目に映るありのままに世界を眺めているようで、実はテレビや雑誌、ウェブ空間に氾濫する沢山のイメージを通して、世界を見ているということである。

　右図は、Instagramで「インスタ映えスポット」とタグ検索をかけたものである。人物が写っている写真以外にも、「インスタ映え」する観光スポットの風景・スイーツ等が共有されていることがわかる。どの写真も、その大半が個人によって撮影された写真イメージでありながら、まるで商業写真のように編集がなされている。また、現地に訪れることによって、撮影者は、新たな「インスタ映えスポット」も生み出しており、それらはInstagram上に投稿されることで、また別の誰かの見本となっている。このように、私たちのまなざしはメディアを通して構成されるだけでなく、共有されることで、新たな意味付けがなされたイメージを自らつくり出しているのである。その結果、観光地は、みられることを意識した「話題になりそうなイメージ（インスタ映えスポット等）」を絶え間なく作り出そうとしている。

　以上のように、写真を撮影することは、単純な思い出づくりや記録のための手段から誰かの情報源となりうるような「みられる」ことを前提としたものへと変容している。多くの人が旅先の美しい風景等をスマホで撮影した後、それらをSNS上に投稿するということが当たり前の光景となっているように、写真が「みられる」ものとなったいま、撮影者は「みせる」ことを意識しているのだ。旅先に限らず、撮影から共有までの一連の動作は既に私たちの日常の行為の一部として定着している。近年の社会全体における新商品の開発から景観や街並みの

整備にいたるまで、「撮られること」そして「みられる」ことを想定していることは明らかだ。スマホユーザーの多くは、「みせる」価値のあるイメージを見逃すまいと絶え間なく世界を探索するようになった。私たちのまなざしの性質は、いつの間にかスマホのカメラレンズを介して、Instagramのギャラリーやフィルターを意識したものとなっている。すなわち、テレビや雑誌、ウェブ空間に氾濫する沢山のイメージを通して、世界を見ていたまなざしは、それらを上手く選択、比較し、取り入れながら、今度は私たち一個人のレベルで表現する段階へと移行している。Instagramはまさに、無限のイメージに晒されたまなざしが、スマホというテクノロジーと上手く組み合わさることで、新たな表現の場（ヴィジュアルコミュニケーションツール）となっているのである。

3．まとめ

　ポスト近代は、それまで「みる」ことが支配的だった近代を批判する時代として位置づけられている。アーリが論じたポスト近代におけるまなざしは、そのような視覚の権威が失われた中で、観光者のまなざしに注目したということになるだろう。既に述べたように、私たちは、世界をありのまま眺めているのではなく身のまわりにあふれている、イメージとそれがもつ意味によって構成されたものの見方をしている。その中で、「みる／みられる」関係が問題とするところは、私たちの外側からみているまなざしの存在、つまり「みられる」ことへの意識に関する問題なのである。しかしながら、Instagramの考察からもわかる通り、まなざしは、一方的に「みる／みられる」関係ではなくなっている。テクノロジーの発展や新たなコミュニケーションツールの登場は、創造と表現、発信と共有という、より複雑なまなざしの段階と方向性をもたらしている。そこで、改めて、今日における「みる・みられる・みせる」ことのもつ意味を問うことが求められている。

文献

アーリ、ジョン＆ラースン、ヨーナス(著)／加太宏邦(訳)(2014)『観光のまなざし〔増補改定版〕』法政大学出版局

マノヴィッチ、レフ(著)／久保田晃弘・きりとりめでる(共訳・編)(2018)『インスタグラムと現代視覚文化論　レフ・マノヴィッチのカルチュラル・アナリティクスをめぐって』株式会社BNN新社

バージャー、ジョン(著)／伊藤俊治(訳)(1986)『イメージ－Ways of Seeing 視覚とメディア』PARCO出版

本稿ではInstagramにおける「みる・みられる・みせる」の関係が述べられていたが、各種ＳＮＳの影響により、あらゆるものが憧れの対象となることが可能となった。例えばSNS上の有名ユーザーがタピオカを飲むだけで、それが簡単に憧れの対象となってしまう。しかし、はたしてそれはSNS時代に特有な現象なのだろうか。SNS以前の時代の有名人とファンとの関係を文化史的にさらに追うことで、それ以前の時代との共通点と差異がより明確になるかもしれない。

▌コラム⑳　他者の脳を使わせてもらう

　自分だけで考えていても、それ以上アイデアが出なかったり、話が先に進まなかったり、問題が解決できなかったりすることがあります。そんな時に重要なのは、自分とは異なる「他者の脳」をどうやって使わせてもらうかです。使わせてもらうだけでは、一方的に自分が得をするだけで、相手のメリットがありません。お互いに相手の脳を使いあいましょう。

　研究について複数人でディスカッションする際の方法をお伝えします。まず、大きめの紙を準備して、自身が研究したいことを真ん中に書きます。それを丸で囲み、そのキーワードに関連することや、自分が考えていることなどを「一人ブレスト」の要領で書きなぐっていきます。一通り書き終わったら、相手にその紙を見せながら、書かれた言葉について口頭で説明をしてみましょう。聞き手は、それについて意見を言ったり、質問をしたりします。新しいキーワードを書き込んであげてもいいですね。これを交代で行えば、お互いにメリットがあります。(岡本)

33

箱根駅伝からメディアを考える
―― マスメディアとスポーツのかかわり

飯田豊（立命館大学 産業社会学部 准教授）

1. はじめに

「正月の風物詩」としてテレビで親しまれている箱根駅伝。スポーツ中継の視聴率が軒並み低下している中で、異例の高視聴率を誇っている。

しかし近年、箱根駅伝のテレビ中継に対して、意識が朦朧としている選手を大写しにし、感動的な場面を強調する「残酷ショー」という批判が起こっている。また、国際的な大舞台での活躍が期待される優秀選手が、箱根駅伝を区切りに競技生活を終える「箱根駅伝燃え尽き症候群」の一因が、マスメディアによる過剰な注目ではないかとの見方もある。

そこで本稿では、マスメディアと箱根駅伝との関係を歴史的に紐解いたうえで、その課題と展望を明らかにしたい。

2. 新聞社の事業活動として生まれた箱根駅伝

マスメディアに媒介されたイベント（＝メディア・イベント）として箱根駅伝を捉えるならば、目まぐるしい変化の積み重ねによって、革新が伝統を創造してきたといっても過言ではない状況が見えてくる。

大会の正式名称は「東京箱根間往復大学駅伝競走」。欧米の選手と肩を並べて活躍できる長距離ランナーの育成を目的に、報知新聞社が主催する「四大校対抗駅伝競走」として1920年に始まった。

駅伝は日本発祥の陸上種目で、江戸時代に交通や通信の手段として整備された「宿駅伝馬制度」に由来する。読売新聞社の協賛記念事業として1917年、京都から東京まで23区間をリレーする「東京奠都記念東海道五十三次駅伝徒歩競争」が開催されたのが、駅伝の始まりとされる。

　朝日新聞社が主催する「全国高等学校野球選手権大会」、いわゆる「夏の甲子園」の前身にあたる「全国中等学校優勝野球大会」が初めて開かれたのが1915年のことだ。このような大会を新聞社が主導してきたのは日本独特のことで、各社が新聞読者を獲得するための事業戦略のせめぎあいから、箱根駅伝は生まれたといえる。そして戦時下、言論統制を目的とする新聞統合（一県一紙制度）によって報知新聞社と読売新聞社が合併し、箱根駅伝は戦後、読売新聞社が関東学生陸上競技連盟と共催する事業として発展することになる。

３．メディア・イベントとしての特異性

　それに対して、日本テレビによる完全生中継が始まったのは1987年のことで、全国的な注目を集めるようになって30年あまりに過ぎない。

　箱根駅伝は戦後まで、ラジオで中継を聴くこともできなかった。NHKがラジオ放送を開始したのは1953年のことだ。79年から86年まではテレビ東京がダイジェスト番組を放送し、最終10区のみを生中継していた。

　というのも、箱根の山岳中継は過酷をきわめるためだ。日本テレビは80年代、全区間生放送に備えて中継が可能な場所を徹底的に調査し、中継車の改造もおこなった。そして1989年に初めて全区の生中継を実現。その反面、日本テレビはVTRを効果的に使用することで、出場選手を丁寧に紹介することを心がけた。箱根駅伝は単なるスポーツ中継ではなく、「スポーツ・ドキュメンタリー生中継」を基本コンセプトとしてきたという（黒岩 2000）。

　以上のように、複数の新聞社や放送局によって今日まで育まれてきたところに、メディア・イベントとしての箱根駅伝の特異性がある。

4．国際スポーツ文化と体育会運動部文化の狭間で

　テレビ中継が始まったことで、箱根駅伝を取りまく環境に大きな変化が起こった。従来は1月中旬に開催されていた「全日本大学駅伝対校選手権大会」が1988年度から11月に変更され、全国大会が地区大会の前哨戦に位置づけられるという転倒が生じたのである。

　また90年代に入ると、箱根駅伝で上位に入った大学は全国的に知名度が高まり、受験志願者が増える傾向がみられるようになる。これに大学経営陣は敏感に反応した。テレビ中継の開始後に選手育成を強化したことで、優勝を経験した大学も少なくない（生島 2010）。その結果、才能のある高校生が強豪校から熱心に勧誘され、優れた選手が関東に偏在するという事態がいっそう進み、「箱根駅伝燃え尽き症候群」もますます問題視されるようになった。

　ところが、これらの問題に対して、まったく異なる見方もできる。スポーツ人類学に取り組む瀬戸邦弘は箱根駅伝を、国際スポーツの価値体系とは必ずしも折り合いがつかない、地域独自の文脈に根ざした固有の価値体系を有する「エスニック・スポーツ」と捉えている。瀬戸の指摘で興味深いのは、日本テレビが当初、箱根山中の電波状態が脆弱であることを踏まえて、生中継が中断したときの予備映像——いわば「つなぎ」のコンテンツ——として制作した「箱根駅伝今昔物語」が、思わぬかたちで果たした役割である。箱根駅伝を支えてきた人びとに焦点をあて、そのライフヒストリーを紹介しながら、大会の歴史を伝える名物コーナーだが、これによって「箱根駅伝という番組自体が90年を超える時空間を自由に行き来する歴史的でありながら共時的なバーチャル空間として成立することになった」という。

　すなわち、各大学の競走部（陸上部）のなかで集団の記憶として受け継がれていた、伝統を重視する価値観の体系が、番組を通じてクリアに可視化され、視聴者とのあいだで広く共有されることになった。明治期以降に成立した体育会運動部文化の延長線上にあると捉えれば、箱根駅伝の創設理念には反するものの、オリンピックを頂点とする国際スポーツ文化の価値体系とは容易に馴染まない。「箱根駅伝燃え尽き症候群」を嘆くのは、あくまで国際スポーツ文化の価値体系にもとづ

く見方なのである（瀬戸 2013）。

　箱根駅伝で活躍した選手に対して、次は国際的な大舞台で結果を残すことに期待をかけるのも、逆に体育会運動部の伝統的な価値観を再生産しているのも、いずれもマスメディアにほかならない。この乖離を調停することは、箱根駅伝に関わる新聞社や放送局の使命ではないだろうか。冒頭で述べたように、箱根駅伝の伝統を裏打ちしているのは、メディアの革新にほかならないのだから。

文献
生島淳（2010）「大学全入時代がもたらした箱根駅伝の「経済戦争」」『エコノミスト』2010年1月5日号、毎日新聞出版、98-99頁
黒岩直樹（2000）「たすきの瞬間のドラマ」『月刊民放』2000年3月号、コーケン出版、34-37頁
瀬戸邦弘（2013）「エスニック・スポーツとしての「箱根駅伝」」『文化人類学研究』(14)、41-54頁

　先ごろアニメ化された、三浦しをんの『風が強くふいている』も、箱根駅伝を取り上げた作品だった。チームすらない弱小陸上部が、仲間を集め、家族や地域の応援を獲得し、盛り上がっていくときに、やはり、ブログや取材などのメディアを活用していた。箱根駅伝ひとつとっても、多様なメディアが介在する複雑な「メディア・イベント」だと考えられる。

┃コラム㉑　メモを取ることの重要性

　メモを取ることには二つの重要な意味があります。一つ目は、聞いた話を記録することです。聞いた話や見たこと、感じたこと、考えたことを全て記憶できるなら必要ありませんが、多くの人はそうではないのでメモを取って記録します。二つ目は、メモを取ることで「私はあなたの話を聞いていますよ」というサインが出せることです。想像してみてください。皆さんが誰かの前で話している時、相手が熱心にメモを取りながら聞いていたらどうでしょう。「もっと話してあげよう！」そう思いませんか？　つまり、そういうことです。（岡本）

34

コミュニケーションとしての「お笑い」

―― 漫才の笑いは何を再生産しているのか

塙　幸枝（成城大学 文芸学部 専任講師）

1．笑いと価値基準

　「笑い」はきわめて社会的な営為である。何かを笑うのはそれを「おかしなもの」とみなすからであるが、じつはその「おかしさ」の基準は社会的な合意によって成り立っている場合が多い。だからこそ、笑いという営為にはその社会の価値基準が如実に反映されているのである。

　哲学者のアンリ・ベルクソンは笑いの役割を「不適応」に対する「矯正」と位置づけている。私たちが何かを笑える＝何かを「不適切」であると判断できるのは、翻って、その社会における「適切さ」をめぐる規範を知っているからである。そして、この「適切さ」をめぐる規範とは、日常的なコミュニケーションのなかで慣習的に培われたものなのである。

2．コミュニケーションにおけるコード

　コミュニケーションは自由であるようにみえて、様々な制約をともなう。言語を使ってコミュニケーションをとる場合には、そもそも互いが同一の言語を運用できなければならない。言語以外の振舞いについても、ある振舞いがその社会や文化のなかで何を意味するのかを理解していないと誤解が生じることになる。つまり私たちのコミュニケーションは一定のルールをふまえながら実践されているというわけで

ある。

　そこで重要な役割を果たしているのが「コード」である。コードとはメッセージの生成過程や解釈過程においてその意味を定めるための規約の体系を指すが、もっと簡単に言ってしまえば、コミュニケーションを行なう際に参照される「常識」や「ルール」のようなものと考えることができるだろう。私たちのコミュニケーションは、普通、このコードの範囲内で行われる。もしコードを逸脱すれば、その人は批判されたり、冷ややかな目を向けられたり、ときには笑いの対象になったりすることになる。

3．コミュニケーションとしてのお笑い

　上記の点をふまえてみると、お笑いというメディア・コンテンツは実に興味深い題材となる。ここではまず漫才の場合を例に、お笑いの構造を理解しておこう。漫才とはお笑いパフォーマンスの一形態であり、スタンドマイクを挟んで「ボケ」「ツッコミ」と呼ばれる二人の人物が会話を繰り広げる。ボケ役の人物がみせるおかしな言動（＝規範からの逸脱）に対して、ツッコミ役の人物がツッコミをいれる（＝逸脱を名指しし、矯正する）といった一連のやりとりが笑いを誘発する、という仕組みになっている。

　ここで一つの具体的なテクストとして、芸人タカアンドトシの漫才を取り上げてみたい。このネタでは男同士の酒の席を舞台に、次のようなやりとりが提示される。

　ツッコミ「じゃあ、注文お願いします。生（ビール）一つと、おまえは？」／ボケ「カシスオレンジ」／ツッコミ「女子か」／ボケ「ピーチミルク」／ツッコミ「女子か、って」／ボケ「カルーアミルク」／ツッコミ「女子か、って」／ボケ「ノンアルコールカクテル」／ツッコミ「女子か、ってだから。ノンアルコールカクテルじゃねえよ。もっときついの飲めや」／ボケ「私酔わせてどうする気？」／ツッコミ「女子か、ってだから、おまえ」

このやりとりに対して笑いが生じるのは、ボケの振舞いが「男らしさ」から逸脱しているとみなされ、かつ、それを強制しようとする「女子か」というツッコミが妥当なものだとみなされるからだろう。その意味で、ツッコミは視聴者に笑いの指針＝「適切さ」をめぐる価値基準の指針を示す役割を担っているともいえる。

図：ボケとツッコミのイメージ（タカアンドトシ）

4．お笑いが（再）生産する「適切さ」の問題

　ここで、ネタの中に描かれるコミュニケーションから、ネタの外側に置かれた「お笑いを視聴する」というコミュニケーションに視点を移してみよう。お笑いをみて笑うためには、ボケの言動を逸脱と名指し、それを矯正すべき事柄として位置づけることに賛同的な立場をとることになる。それはネタの中に示されるコードをつうじて、それをみる視聴者が生きる社会のコードを再確認する作業であるともいえる。

　しかし、お笑いをみて無邪気に笑っている自分に問いかけてみることもできるだろう。そこで支持されている規範や常識は本当に絶対的なものなのだろうか。先のネタで言えば、「女らしさ」「男らしさ」といったジェンダー規範には、疑義を挟み込む余地があるはずだ。男であるからと言って、一杯目からカクテルを注文したり、一人称に「私」という言葉を用いたりすることが、制限される理由は何もない。「女子か」というツッコミを成り立たせているのは、「女」と「男」を二項対

立的で排他的なカテゴリーとみなす私たちの感覚である。お笑いが提示するやりとりが日常的なコミュニケーションの縮図として私たちに受容されるとき、それは単なる娯楽の対象ではなく、私たちの社会規範やコミュニケーションにおけるコードを強化しつつそこから外れるものを排除するような、ある種の権力装置になりうるかもしれない。

文献

水島久光(2006)『窓あるいは鏡　ネオTV的日常生活批判』慶応義塾大学出版会
塙幸枝(2018)『障害者と笑い　障害をめぐるコミュニケーションを拓く』新曜社
松本健太郎・塙幸枝(2019)『メディア・コミュニケーション学講義』ナカニシヤ出版

「再生産としての笑い」だけではなく、新たな生産を可能とする「笑い」はありえるのかが気になりました。たとえば、お笑い芸人の「せやろがいおじさん」のやっている芸によって起こるような笑いは、いかなる機能や効果をもつのか考えてみたいと思いました。

近年、マスメディア上でもジェンダーについて配慮がなされているが、こうした「笑い」のとり方に対しては現在もネット上でも賛否の様々な声が聞かれます。このような観点から「笑い」のネタのあり方が時代とともにどのようにかわっているだろうか。

35

メディアミックスのなかの
ミュージアム
──展示や施設が伝える地域の物語

村田麻里子（関西大学 社会学部 教授）

1．はじめに

　この章では、「ミュージアム」と呼ばれる施設の見方と活用方法について、メディアミックスというキーワードから考えてみよう。本章で取り上げるのは『この世界の片隅に』（2016年）で一躍有名になった呉のまちだが、ミュージアムは全国津々浦々にあり、観光を意識しているまちであればどこでも実践が可能だ。

　メディアミックスとは、日本のポピュラー文化がメディアを横断して展開される様相を表す言葉で、主にコンテンツ産業の広報戦略として使われてきた用語である。人気作品がマンガ、アニメ、映画、ゲーム、小説など、異なるメディアで作品化されたり、作中のモチーフや人物をあしらったグッズが展開されることで、結果的には作品世界はきわめて多様な表現で描かれることになる。その幅の広さこそがメディアミックスの強みだ。

　広島県呉市の有する「コンテンツ」の中で、ポピュラー文化としての確固たる地位を築いているのは、なんといっても軍艦大和だろう。アニメ「宇宙戦艦ヤマト」（1974年にテレビ放送、1977年にアニメ映画化、その後もたびたびリメーク）や、映画「男たちの大和／YAMATO」（2005年）、ゲーム「艦隊これくしょん−艦これ−」（2013年）、「アルキメデスの大戦」（2015年マンガ連載、2019年実写映画化）など、作品化には枚挙にいとまがない。この軍艦がこれほどまでにロマン化されるに至ったのは、それが当時の日本の造船技術の粋を集めてつくったにもかかわ

らず、ほとんど活躍することなく（既に大型艦の時代は過ぎていた）、最後は鹿児島県沖に沈んだという悲劇性をもつからであろう。まちはこうした大和人気を意識して、2005年に大和ミュージアムを開館させ、初年度は実に160万人の来館者を集めた。

その後、呉を舞台とする、さらに客層の広いアニメが登場する。それが、こうの史代のマンガをアニメ化した『この世界の片隅に』である。作品内には、主人公が嫁いだ、第二次世界大戦中の呉のまちが登場する。当時のまちの様子がきわめて忠実に描かかれていることから、呉市は一躍脚光を浴び、まちもロケ地巡り（聖地巡礼）を推奨してきた。

2．メディアとしてのミュージアム

このようにポピュラー文化を牽引役として観光客を呼び込む呉市には、いくつかミュージアムがある。ここでは①入船山記念館、②大和ミュージアム（呉市海事歴史科学館）③てつのくじら館（海上自衛隊呉資料館）という3つの異なるタイプを取り上げてみよう。

入船山記念館は、実に1967年という早い時期に開館している。戦後の日本のミュージアムの開館ブームは1960年代末から始まりバブル崩壊まで続くが、その最初期に出来た館といえる。そのきっかけはいったい何だったのだろうか。

記念館は、歴史的な建物を寄せ集めたような施設なのだが、その沿革を調べると、その中心となる旧呉鎮守府司令長官官舎は、1886年（1905年に再建）からここにあったことがわかる。つまり、ここは海軍の施設・敷地であり、それゆえに戦後はGHQが占領し、それが10年後に呉市に返還され、記念館になったのである。同施設にはさらに、東郷平八郎が鎮守府参謀長として呉に滞在したときの家の離れ、海軍工廠の塔時計台などが復元・移築されており、海軍のまちとしての呉を彷彿とさせる施設である。

呉は日本の軍港として、そして最大の造船場として日本の総力戦体制を支えたまちだ。小さな漁村だった呉浦が、その地理的条件の良さから海軍省の目に留まり、1886年に第二海軍区鎮守府が設置されたことを機に、海軍の駐屯地として栄えた。記念館の開館の経緯を調べて

いくと、そうした歴史が鮮やかに目の前にあらわれる。

　次に②大和ミュージアムをみてみよう。館内を巡ると、期待していた戦艦大和の物語は、想像していたよりも後景にあることに気がつくかもしれない。まず、まとまった量の歴史展示では、軍港として歩むまちの歴史が、ペリー艦隊来航から展示されている。一方で、大和の1/10模型があり、歴史展示の合間には大和の造船技術や海底の引揚に関する展示があるが、大和が日本軍の戦略のなかでどのような役割を担っていて、なぜ造られ、なぜ活躍し得なかったのかといった、戦時下の大和についてはほとんど説明されない。一方で、魚雷や零戦などの実物展示はやや唐突にもみえ、総じてメッセージが少し不明瞭な展示になっている。詳細は参考文献に譲るが、これは県立の博物館を建てるにあたり、軍事色を極力排し、造船のまちの歴史を展示するという要請が県側からあったという経緯と深く関わっている（広島平和記念資料館のある広島県だけに、その意味の大きさはわかるだろう）。その後計画は難航し、最終的には市立になることによって、軍港と大和をみせるという方針になるが、展示計画を途中で変えたことが結果的に展示の物語にブレを生じさせることになった。

　一方、すぐ目の前にある③てつのくじら館は、海防がテーマで、いかにして日本の海を日々守っているかをPRする海上自衛隊の施設である（入館はもちろん無料だ）。②と③をセットでみることで、両館の意図の違いがよりハイライトされる。こうした展示構成や編集をめぐる政治性もみえてくるのが、ミュージアムというメディアの面白いところだ。施設が伝えようとする物語を行間から読み取ってみよう。

3．点と線と面

　これら3館に加え、まちに散らばるさまざま施設や遺構といった「点」を、「線」としてつないでいくと、まちの軍港として役割を通して、戦時中の日本の位置や作戦、そしてそれを粛々と遂行する人たちのリアリティが「面」としてみえてくる。すなわち戦争の被害や悲惨さだけでなく、そもそも当時の人々がどのように当時の情勢を認識し、戦略を立て、遂行し、思考し、生活していたかを想像することできるのが、

こうしたフィールドワークの醍醐味だ（ちなみにフェリーに20分乗れば現在も海上自衛隊第一術科学校として幹部候補生が学ぶ旧海軍兵学校も見学でき、歴史が現在へとつながっているということも実感できる）。

　このように、まちに点在するミュージアムという施設は、まちの成り立ちや、その土地の歴史性を想起させる重要なメディアである。また、日本の多くのミュージアムが、歴史とポピュラー文化の物語の重層性の中にある。ミュージアムは、まちの歴史や産業などを知る場所としてのみならず、私達のポピュラー文化の物語を通しても消費されている。たとえば大和ミュージアムをみる来館者の頭の中では、さまざまな大和作品の世界観が重ねられているはずだ。また入船山記念館は、『この世界の片隅に』に出てくる坂道（現・美術館通り）を上がりきったところにあり、道中にはめがね橋や下士官兵集会所をはじめ、映画に登場するスポットが複数ある。つまりまち全体がミュージアムであり、メディアミックスの場であると同時に、我々の集合的記憶の場でもあるのだ。

　最後に重要なことは、ミュージアムの展示施設としての充実度と、館の重要性は必ずしも一致しないということだ。今回のフィールドワークの鍵となるミュージアムは、入船山記念館である。しかし、館内を長時間楽しめるのは、もちろん大和ミュージアムだろう。ミュージアムの意味性について多様な角度から考えられることは、ミュージアムをメディアとして捉える視点へとつながる。「ミュージアムでフィールドワークする」のみならず「ミュージアムをフィールドワークする」視点を持とう。

文献

小笠原臣也(2007)『戦艦「大和」の博物館　大和ミュージアム誕生の全記録』芙蓉書房出版
佐野明子(2013)「テレビ・映像関連ミュージアム　「大和ミュージアム」を事例に」石田佐恵子・村田麻里子・山中千恵(編)『ポピュラー文化ミュージアム　文化の収集・共有・消費』ミネルヴァ書房
その他各館パンフレット、公式HP等

ミュージアムが閉鎖的な空間ではなく、まちと人と物語をつなぐ開かれたメディアとして機能していることが示された。本稿でも指摘されているように、ミュージアムに展示されなかった、つまり選ばれなかった記憶がある。その一方でポピュラー文化のように、まちの外部から持ち込まれた要素もある。メディアミックスを肌で感じられる本事例のような場を歩く際は、単に与えられた物語を受容・消費するだけではなく、その背後にある選択の政治性に思いを巡らせる態度も重要だとわかった。

コラム㉒　人から話を聞く基本

　調査でインタビューを行う際にはもちろん、教員に学びの助言を求めたりする「人から話を聞く」場面で重要なことをまとめておきたいと思います。

1、アポイントメント（アポ）をとること

　いきなり話を聞きに行っても対応してもらえないと考えましょう。事前に「アポ」をとることが重要です。その際に使用される一般的なメディアはメールです。

2、メールを送ること

　メールの書き方はネットで調べれば出てきますので、調べてみてください。アポをとる際のメールには、自分の氏名、所属、研究テーマ、相手に何を聞きたいと考えているのか、日時や場所といった情報を書き込みます。

例）【件名】先行研究の探し方について

存美語郎　先生

　いつもお世話になっております。近畿大学総合社会学部3年の岡本健と申します。先生の授業「現代文化論」を受講しています。
　私は今、最終レポートのテーマを「ゾンビゲーム」にしたいと考えています。ただ、先日の課題として出題されていた先行研究の検索について、テーマにあった先行研究をうまく見つけられず、困っています。この点について、アドバイスをいただくことはできませんでしょうか。もし可能であれば、先生の研

究室にお邪魔できればと思っております。

　お忙しいところ申し訳ありません。ご検討のほど、よろしくお願い申し上げます。

岡本健

3、自分で何かをやってみた上で依頼すること

　人に話を聞くということは、相手の時間を奪うことです。まずは、そのことを「申し訳ないな」と思うようにしましょう。ただ、遠慮しすぎて聞きたいことが聞けないと、本末転倒です。大切なことは、その時間を充実の時間にすることです。相手のことやテーマのことについて、その人に会う前に、様々な手段で情報収集をしておくことです。せっかく時間をとってもらうわけですから、事前にできることは自分でやっておきましょう。自分では何もしていないのに「教えて欲しい」というのは避けましょう。何について聞くのか考えずに「話を聞かせて」というのはやめましょう。必ず、インタビュー対象者や内容のことで事前に調べておけることは調べ、自分が相談したいことについても「こういうことをしてみましたが結果はこうでした」と何か実施したことを報告し、相談したい内容を説明します。

4、話は記録すること

　そうして話してくださる内容は、自分にとって貴重なものになります。必ずメモをとったり、録音したりしましょう。その際には、相手に許可を得てください。メモしたことは、終了後、自分なりに整理して、まとめたり、やるべきだと言われたことをやってみたりしましょう。話を聞きっぱなしで終わるのではなく、形にしていくことが重要です。

5、調査でインタビューをする前に

　調査でインタビューを実施する際に役に立つ本を紹介しておきます。『大学生からの「取材学」』（藤井誠二著、2015年）です。徳間書店から文庫版で出ています。ぜひ読んでみてください。ほかにも、インタビューに関する本はたくさんあります。また、フィールドワークやアンケート調査、メディア分析など様々な方法について解説された本が出ています。探してみましょう。（岡本）

36

展覧会型広告空間の性質を分析する
—— ファッションにおけるブランドイメージ

藤嶋陽子（東京大学大学院 学際情報学府 大学院生）

1．本稿の問題関心

　ファッションにおいて、ブランドイメージを作り上げることは極めて重要である。ブランドは伝統的なイメージを守り伝えていくと同時に、時代に合わせて刷新していくという両義的な課題を抱えている。そしてブランディングされたイメージは、店舗、広告写真、ランウェイといった多様な場所で視覚的に表現され、都市空間に散りばめられている。

　こうしたブランドイメージを表現するメディアとして重要性を高めているのが、期間限定で開催されるポップアップイベントだ。一般的にはシーズン毎のコレクションや新作の販促のための催事を意味し、SNSでの情報伝達が重要性を高める今日において企画性やアミューズメント性の高い仕掛けは"SNS映え"し、話題を集める重要な手段となっている。しかしながら、こうしたブランドの期間限定イベントのなかでも、直接的な購買を目的としない特殊な形式がある。それが、大規模な展覧会型のイベントだ。世界中で行われているこのようなイベントだが、東京でも2014年にはディオールが、2016年にはルイ・ヴィトンが開催して注目を集めた。ミュージアムでも特定のブランドやデザイナーを題材とした回顧展の事例数も増加傾向にあるなかで、ミュージアムでの展示手法を踏襲した広告空間にはどのような役割が期待されているのだろうか。本稿では、今日のブランドの価値を創出するための広告空間、また都市と広告の関係性を考える端緒として、

展覧会型ポップアップイベントの性質を捉えることを試みる。

２．対象と方法

　分析対象は、2016年4月23日から6月19日にかけて東京・紀尾井町で開催されたルイ・ヴィトンによる展覧会「旅するルイ・ヴィトン：VOULEZ VOGUEZ VOYAGEZ」である。この展覧会は、ガリエラ宮パリ私立モード美術館の館長であるオリヴィエ・サイヤールがキュレーションし、2000平米にも及ぶ特設会場を設置して開催された。筆者はこの展覧会を実際に訪問し、その（1）展示構成、（2）展示物やその配置方法について気づいた点、（3）展示説明において強調されている要素のメモをとり、撮影可であったため他の鑑賞者の妨げにならない範囲で写真撮影も行った。また、イベントに際して配信されているスマートフォンアプリケーションの解説も随時参照した。

３．結果

セクションタイトル	主要な展示物	説明内容
1906年のトランク	初期のモノグラムのトランク	象徴的な製品
木材	初期のアトリエの備品	ブランドのルーツ
クラシックなトランク	創業者によるトランク	象徴的な製品
ヨット	船旅用の手提げ鞄	船旅との関係
冒険	探検家のためのオーダー品	探検プロジェクトへの貢献
自動車	自動車移動向けの製品	自動車文化との関係
空の旅	飛行士や飛行機乗客向け製品	空旅との関係
列車	鉄道旅行向けの製品	鉄道旅行との関係
ウール・ダプサンス（余暇の時間）	書棚トランク、書物文化から影響されたモノグラムの展開	ブランドと書との繋がり
絵画用トランク	芸術家のためのオーダー品と芸術家とのコラボレーション	ブランドとアートとの繋がり
興味深いトランク	創業者の蒐集品	ブランドのルーツ
セレブリティのためのトランク	女優のためのオーダー品	セレブリティとの繋がり
化粧ケース	香水瓶	ブランドの香水の展開の歴史
洗練されたダンディズム	ダンディズムを体現する著名な顧客のオーダー品	文化人との繋がり

ファッションとクリエーション	近年のデザイナーによるコレクションルック	近年のデザイナーによるブランドルーツの解釈と展開
ミュージックルーム	楽器用のオーダー品	多様な旅への対応
インスピレーションの国、日本	日本人とのコラボレーション、日本芸能向けオーダー品	日本との関係

表1：各展示セクションの特徴

図1："冒険"をテーマにした区画の展示風景（筆者撮影）

　展示は上記のような構成で、主要な展示品は多様な形態の旅行に用いられたブランドの鞄のアーカイブである。特徴的なのは極めて説明が少なく、精巧に作り込まれたジオラマ的な展示デザインである点だ。また冒険をテーマにしたセクションの展示風景（図1）のように、展示物の配置は厳密に時代順ではなく、実際に探検家のために作られた1895年のトランクと、そこから着想を得た2001年の鞄が並べられていた。

　このような手法によって展覧会型のブランドイベントでは、最新コレクションや定番モティーフの背景にブランドの重厚な歴史が存在することを示唆し、空間全体で高級ブランドの伝統的な世界観を描き出すことが試みられていた。その結果、ブランドに対する憧れを醸成し、顧客にとって身近な製品にも歴史的、文化的な価値を想起させる装置となっていた。

4．考察と展望

　上記のようなブランドの価値を強化する装置の意義は、今日のブランドを取り巻く環境のもとで捉えていくべきであろう。本来の顧客である富裕層だけではなく、より幅広い中間層を顧客として取り込むマ

ーケティングの展開、アウトレットモールへの進出、オンラインショッピングの台頭によって、ブランドの価値が問い直されている（トーマス　2009）なかで、ブランド自らがその歴史を語り、豪華な世界観を直接的に体感できる場を提供することが、ブランドの物語やイメージを維持するうえで重要性を高めていると考えられる。

　また、展覧会という形式がブランドの価値を創出する装置として転用されているという事実は、他のファッションメディアをめぐる先行研究（Bartlett, Cole and Rocamora eds. 2013）、ファッションとミュージアム、ファッションをめぐる視覚空間の歴史(Clark and de la Hay 2014)やその連続性をめぐる先行研究（Vanska and Clark eds. 2017; Geczy and Karaminas esd. 2019)と結びつけていくことで、さらに深い議論が可能となるだろう。

文献

Bartlett, Cole & Rocamora　eds.(2013),Fashion Media: Past and Present, London, Bloomsbury

Clark and de la Hay eds. (2014),Exhibiting Fashion: Before and After 1971, London: Yale University Press

Geczy and Karaminas esd.(2019), Fashion Installation: Body, Space and Performance, London: Bloomsbury

Vanska and Clark eds. (2017), Fashion Curating: Critical Practice in Museum and Beyond, London: Bloomsbury

ダナ・トーマス(2009)『堕落する高級ブランド』実川元子訳、講談社

「ブランドもの」という言葉があるように、ファッションブランドでは「モノ」としての側面に注目しがちだ。しかし本稿で示されたような展覧会という「場」を得ることで、モノとブランドをつなぐ物語が視覚化され、前面に出てくるという仕掛けが示されていた。そこでは、展覧会内部の設計と同じくらい、東京（さらに言えば紀尾井町）というエリアがもつ意味もブランドにとって重要だったのではないかと推測する。展覧会内部を細かに分析した本稿に、展覧会がおかれるエリアがもつイメージや機能という視点を組み合わせることで、「都市と広告の関係性」の分析がより豊かになるのではないだろうか。

37

秋葉原を／から考える

──情報化と街のサブカルチャーに関する一考察

菊地映輝（国際大学 グローバル・コミュニケーション・センター 研究員／講師）

1．問題の所在

　秋葉原はオタクたちの「聖地」として国内外で知られている。しかし、近年になり街の変化が様々な場所で指摘されるようになった。たとえば、匿名掲示板5ちゃんねるへの書き込みをまとめたブログサイトには「【悲報】最近の秋葉原さん、ガチでつまらない町に成り果てる…」というタイトルの記事がある。記事中では、最近の秋葉原がつまらない街になっていることが様々な観点から指摘されている。

　変化は実際の街にも見いだせる。秋葉原で長年営業してきた店舗が近年相次ぎ閉店しているのである。たとえば、老舗電気店のチチブデンキは、2015年5月に実店舗を畳んだ。同店は、店舗横の自動販売機で売られるおでんの缶詰が有名で、多くのメディアで取り上げられる秋葉原の顔であった。

　以上は一例だが、オタクたちの「聖地」として知られる秋葉原は、このように変化を迎えており、見方によっては衰退とも呼べる状況にある。本稿では、この背後にある理由について考察を行う。

2．先行研究の検討

　近年の秋葉原の変化は、先行研究からどのように説明されるのだろうか。秋葉原を対象とした研究は多数存在する。秋葉原の成り立ちを説明するもの（森川 2008; 三宅 2010など）、秋葉原での商業集積を分析

するもの（増淵 2012; 鈴木ほか 2015 など）が多いようである。

　これらの先行研究が存在するものの、秋葉原の近年の変化について
はあまり議論がされていない。そのような中で、牛垣雄矢らの研究は
注目に値する（牛垣ほか 2016）。牛垣らは、2006年と2013年の秋葉原
を、現地調査をもとに比較した。その結果、パソコン・家電の販売店
やアニメ雑誌、DVD、キャラクターフィギュア関係の取扱店舗が減少
し、メイド系やアイドル系の飲食業・サービス業を提供する店舗が増
えていることが判明した。また、戦後まもなくから秋葉原にあった店
舗が閉店し、新たに娯楽系や飲食系のチェーン店に置き換わる現象も
見られるようになっているという。

　以上のような街の飲食・サービス業化や、秋葉原と関係性が薄い業
種のチェーン店が集積することで、秋葉原地区の同業種型商業集積地
としての魅力や強みが減っていると牛垣らは指摘する。「オタクの街」
としての秋葉原が段々と消えているということである。

3．情報化からの考察

　牛垣らの研究は、本稿冒頭で示した秋葉原の衰退という見方を裏付
ける。しかし、牛垣らの説明だけでは秋葉原の変化を語るには不十分
ではないだろうか。

　近年、コンピューターや携帯電話、インターネットにまつわる技術
が発達し、我々の生活や社会の姿は大きく変容している。この変容を
「情報化」と呼ぶが、これが秋葉原の変化の背景に存在する要因なので
はないだろうか。

　そう考えるに至ったのは、2014年に筆者が行った、秋葉原の街を訪
れる若者たちへのインタビュー調査がきっかけである。調査の中で、
ある若者が「パソコンパーツや同人誌は秋葉原に来なくてもインター
ネットから買える」と語っていた。1990年代末から2000年代はじめ
にかけて楽天やAmazonなどの電子商取引（EC）サイトが登場し、人々
は家にいながら買い物ができるようになった。2017年の市場における
EC化率は生活家電、AV機器、PC・周辺機器等で30.18%、書籍、映
像・音楽ソフトで26.35%である（経済産業省商務情報政策局情報経済課

2018)。どちらも約3割はインターネットから購入されるということだが、これらは、これまで秋葉原に集積していた店舗が主に扱っていた商品である。

　つまり、情報化が進展し、インターネットで買い物ができるようになった結果、秋葉原に来て買い物をする必要がなくなったのである。

　ただし、2014年のインタビュー調査では、先程の発言に続けて「ただし、中古品を買う時には自分の目で見ないと状態がわからない。だから秋葉原に来て買い物をする」とも語られた。確かに、秋葉原に来て自分の目で見る必要がある商品を扱う店は、いまだに秋葉原の街中に存在する。それは中古品を扱う店舗だけでなく、牛垣らが増加を指摘したメイド系・アイドル系の店舗もそうである。これらの店舗では、目の前で行われるメイドの給仕やアイドルのパフォーマンスを自分の目で見ることに価値が見出されるからである。

　今日、秋葉原は衰退しているのではなく、リアルでの体験を重視する街へと変化しているのかもしれない。

4．おわりに

　本稿では、秋葉原の衰退ともみなせる街の変化について、先行研究では説明されていない「情報化」の観点から説明を試みた。ここで論じたことは、秋葉原とオタク文化に限ったことではなく、他の街や他のサブカルチャーにも適用可能なものではないだろうか。近年「モノからコトへ」という消費トレンドの変化が叫ばれるが、本稿の議論はそうした変化にも通じるものと思われる。

　その意味で、本稿は秋葉原の変化を考えるだけではなく、秋葉原から社会の変化を考えるという性質を有するものであった。

文献

牛垣雄矢・木谷隆太郎・内藤亮(2016)「東京都千代田区秋葉原地区における商業集積の特徴と変化　2006年と2013年の現地調査結果を基に」『E-journal GEO』11(1)、85-97頁

経済産業省商務情報政策局情報経済課(2018)「平成29年度　我が国におけるデータ駆動型社会に係る基盤整備(電子商取引に関する市場調査)報告書」経済産業省

鈴木淳・後藤春彦・馬場健誠(2015)「秋葉原における商業集積の重層的混在に関する研究　フローアー・マッピングを用いた業種立地の変化の分析」『日本建築学会計画系論文集』80 (712)、1307-1317頁

増淵敏之(2012)『路地裏が文化を生む!　細路地とその界隈の変容』青弓社

三宅理一(2010)『秋葉原は今』芸術新聞社

森川嘉一郎(2008)『趣都の誕生　萌える都市アキハバラ 増補版』幻冬舎文庫

「【悲報】最近の秋葉原さん、ガチでつまらない町に成り果てる…　アニはつ－アニメ発信場」http://anihatsu.com/archives/78864821.html (最終閲覧:2019年5月7日)

少し前まで「オタク」というのは特殊な人々であるという風潮であったように思いますが、近年アニメや漫画などが一般的に認知されるようになり、私の周りにもアニメや漫画を好む人が増えたように感じます。また、コンビニでアニメのキャラクターのグッズが売られていたり、アニメのコラボカフェもいたるところで目にします。秋葉原が変化した理由としてそういった「オタク」文化の変化も関係しているのではないかと思いました。

┃ コラム㉓　研究のためにスマホを使いたおす

　あなたはその手に持っているスマートフォンやタブレット端末を何に使っているでしょうか。LINE や Twitter、Instagram、tiktok などの「SNS」、YouTube やニコニコ動画のような「動画投稿サイト」、『ウマ娘』や『モンスターストライク』『パズドラ』『PokémonGO』『Fate/Grand Order』などの「スマホゲーム」など、魅力的なアプリがたくさんありますよね。実は、スマホは研究活動にものすごく使えます。文献検索はもちろん、様々な情報収集ができます。たとえば、コンテンツやアイドルの研究の場合、Twitterで、人々がそれについてどんなことをつぶやいているのか把握できます。カメラ機能も観察調査の際に使えます。授業を受ける際にも、自分が書いたコメントシートを撮影しておけば、自分の成長が記録できます。皆さんなりに創意工夫をしてみてください。(岡本)

38

テクノロジーによる思考の誘導

——「予測入力」と「レコメンド機能」を考える

松本健太郎（二松学舎大学 文学部 教授）

1．思考を先回りするテクノロジー

　現代人が何かを思考するとき、あるいは何かを欲望するとき、その対象を選定するプロセスに関与するメディア・テクノロジーの比重は昨今において増大しつつある。たとえばオンライン通販ショップAmazonのサイトでは、特定のユーザーによる過去の購買履歴から析出された商品の選択肢がトップ画面に列挙される。ユーザーがそのシステムを通じてリストアップされた商品のいずれかを購入するとき、その行為が意味しているものとは、メディア・テクノロジーによる記号的想像力の陶冶として位置づけることができよう。

　記号論の創始者の一人として知られる論理学者・哲学者のC・S・パースによれば、人間とは記号にもとづいた知覚や認知や推論の連続体であると理解される。そしてさらに彼は、ある記号を他の記号へと関連づけながら思考を展開するたえざるプロセスを「セミオーシス」（記号過程）として指呼しているが、いわば各種のメディア・テクノロジーは、そのセミオーシスの動向を先回りして規定するものとして把握できるのだ。

2．セミオーシスに対する「予測入力」の介入

　記号——言葉にしても、あるいは、映像や音楽などの非言語的な記号にしても——をもちいて展開する思考のプロセスに対して、メディ

ア・テクノロジーが干渉する局面は多々認められる。以下、これと関連して二つほど事例をあげよう。まず、第一のものは、スマートフォンなどに搭載されている「予測入力」である。

　予測入力とは、キーボードによる文字入力を省力化してくれるもので、言葉の選択肢を先回りして表示してくれる。厳密にいうと予測入力には、候補群をあらかじめ用意された辞書にもとづき提示するものと、ユーザーによる過去の入力履歴にもとづき提示するものがあるが、いずれにせよ、それらの機能はユーザーによる記号活動を技術的に方向づける。つまりパースの概念でいえば「セミオーシス」と呼ばれるもの、すなわち、ある記号を他の記号に関連づけながら思考を展開する連続的なプロセスに対して、予測入力は介入的、誘導的に作動するのだ。

３．セミオーシスに対する「レコメンド機能」の介入

　つづいて第二の事例としてとりあげたいのは、オンライン通販サイトAmazonのレコメンド機能である（図の「チェックした商品の関連商品」「本のおすすめ商品」を参照）。これは過去の購買履歴から特定のユーザーの趣味や関心を割り出し、サイト上でそれと関連するカテゴリーの商品を推奨するシステムである。まさに個人の欲望に最適化したシステムともいえるが、これも先述の予測入力と同型の構図が前提となっている。つまりパラダイグム軸のなかで次に選択される可能性のあるものを共時的に並列化し、画面内に表示してくれるテクノロジーとして、それを使用する人物のセミオーシスを誘導することになるのだ。

４．予めの論理

　予測入力とレコメンド機能──これら双方の「おせっかい」ともいえるような機能に共通するのは、私たちが次に思考する可能性があるもの、あるいは次に選択する可能性があるものを、その選択の瞬間に先行してあらかじめ技術的なシステムが提示する、という構図である。それは福田裕大が監視社会を論じるなかで「予めの論理」として指呼

した構図と合致するといえよう。彼は現代における個人情報への監視
——まさにレコメンド機能の前提となっているもの——をとりあげな
がら、次のような主張を展開している（福田 2010）。

　　今日の監視が、私たちの存在やその状況、あるいは私たちがもつ
　身体性や感性のありようを問うことなど決してないままに、常に、
　それ以前に、私たちが何ものであるかを決定しようとしてくるとい
　うことである。あるいはこのようにいうこともできるだろう。今日
　のデータ監視は、安全-収益と危険-損失を変数とした能力値を私た
　ちの上に前もって書きつけようとしているのである。

福田はそのように語りながら、人間という存在がデータ監視のテク
ノロジーによって囲い込まれている現況を「予めの論理」という表現
で指呼し、それを指弾するのである。
　たしかに今日の社会では、たとえばクレジットカードやETCなどの
利用履歴が個人情報としてデータベースに蓄積されており、それをも
ちいることで、人びとの思考や欲望を予測的に誘導することが以前に
も増して容易になりつつある状況がある。様々な事例はあろうが、た
とえば広告などはその典型であろう。朝起きてから寝るまで、テレビ
やパソコンの画面から車内広告に至るまで、多種多様な広告が私たち
の視界に割り込んでくる。そして、そこで紹介される商品やサービス
に関心をもつよう、それらは人びとに呼び掛けるのである。むろんそ
れは「注意力の経済」、すなわち企業が自社の利益のために展開する、
人びとの注意力獲得のための競争の帰結ともいいうる。人間の時間と
注意力は有限であり、企業が各種のメディアを介してそれらを奪い合
うような状況が発生しているわけである。

図：Amazonにおける「レコメンデーション機能」

文献

石田英敬(2016)『大人のためのメディア論講義』筑摩書房

松本健太郎(2019)『デジタル記号論　「視覚に従属する触覚」がひきよせるリアリティ』新曜社

福田裕大(2010)「監視と権力　自由の枠組みを考える」池田理知子・松本健太郎(共編)『メディア・コミュニケーション論』ナカニシヤ出版

> 本稿では、普段「便利だな」と何気なく使っている予測入力やレコメンド機能から、テクノロジーと思考の関係が分析されている。消費者の潜在的ニーズを汲み上げ、消費を誘導する広告は古くから存在するが、本稿で取り上げられる事例はスマートフォンやパソコンといったメディア端末を介して、わたしたちと一対一の関係を取り結んでいる点が新しいと感じた。「他者」による思考の先回りや誘導は、今やメディア端末によって、わたしたちの最もパーソナルな領域にまで達しているのだろう。あるインターネットニュースを読むと関連ページが示されるように、先回り・誘導は経済だけでなく、生活の政治・社会的な側面にも及んでいると考えられる。

39

AIBOから家族とは何かを考える
—— 新しい家族観の構想へ向けて

吉村雄太 （京都大学大学院 文学研究科修士課程 修了生）

1．本稿の問題関心

21世紀は科学技術が「人間」の定義を大きく揺るがしている時代だ。AIBOやPepperといったロボット、またSiriやAlexaといったAIが日常生活の中に入ってきている。私たちは家庭内において従来「家族」としてこなかったもの達とコミュニケーションをしながら生きている。しかし、ロボットやAIは私たちの「家族」になりえるのか。いやそもそも「家族」とは何なのか。そうしたことが問われているのが現代である。本稿ではAIBOの葬儀を例に「家族」について考えてみたい。

2．AIBOの葬式

AIBOとはSONYが1999年に発売した犬型の家庭用ペットロボットである。しかし2014年にソニーが修理サポートを停止してしまい、生産停止になったパーツが壊れてしまった場合、AIBOの修理は不可能な状態になってしまった(*1)。修理が不可能なAIBOは解体され、パーツを取り出し、再利用される。しかしAIBOをペットのように家族の一員として接していた人々からは、解体の前にせめてAIBOの葬式がしたいという声が上がり、千葉県いすみ市の光福寺が2015年からAIBOの葬式を執り行うようになった(*2)。ロボットの葬儀を行うというのはセンセーショナルな話題だったため、新聞、テレビ等各種メディアで報じられた。

AIBOの葬式が私達にとってセンセーショナルに聞こえるのは、やはり人間ではなく「物」であるロボットをあたかも人間のように、つまりまるで「人格」を持った存在であるかのように扱っているという点だろう。AIBOは命を持たないロボットであり、もっと言えば大量生産された既製品である。つまり金銭さえ払えば代わりは他にいる、代替可能な存在だ。単に「物」だとして割り切れるのならば、新しいAIBOに買い替えてもいいかもしれないし、葬式も執り行わなくてもいいだろう。

　しかしAIBOと長く時間を過ごす中で、「このAIBO」と過ごした日々、経験が積み重なっていく。そうした日々、経験は代替不可能だ。そうした時間や経験を経て「このAIBO」は代替不可能な存在に変わっていく。長い月日を通して最初は「代替可能な」AIBOが段々「代替不可能」な「家族」になる。だからAIBOが壊れたときに新しいAIBOを買うことでは、その傷を癒すことはできない。なんとしても壊れてしまったAIBOを修理したい、それも叶わないのであればせめて葬式を挙げたい、そうした多くの人々の思いがAIBOの葬式を生み出したのではないだろうか [*3]。

（＊1）1999年に発売された旧型モデルのAIBOは生産中止中であるが、2018年1月からSONYは新型AIBOを発売している。
（＊2）朝日新聞2015年6月26日「ロボット犬・AIBOのお葬式　いすみの寺と修理技術者ら／千葉県」
（＊3）2017年6月時点では約1200体ものAIBOの葬式が執り行われている。朝日新聞2017年6月9日「AIBOの「お葬式」、100台供養　司会は新型ロボ」

3．「家族」の本質

　そもそも出会いというものは常に偶然であり、AIBOでなく人間でもそうだ。例えば我が子が生まれてくる時、その子が女の子なのか男の子なのか、あるいはどんな性格の子なのか全くの偶然だ。最初の時点ではどのようにでもあり得る、偶然の存在だ。しかし長い年月をかけて、この子でなければダメだった、という形で代替不可能な存在へと変化していく。つまり元々は偶然だった存在が、まるでそうでなければならなかったという必然の存在であったかのように変化していく。そのような運動が「家族」というものの実体ではないだろうか。そし

て、そのような家族観であるならば、人間だけでなく「物」であるロボット、またAIも「家族」になりえるだろう。

　元々「家族」という言葉は英語のfamilyの翻訳語であり、明治時代の西洋近代の社会制度の輸入の過程で導入された概念だということが今日では明らかになっている。それは家父長制に基づいて、社会という仕組みを作る時に夫婦を単位として共同体を形成する際の概念として使われた。さらに言えば、そうした家族観は実は「人格(Person)」と「物(Sache)」の二分法を行う哲学者カントの思想に影響を受けている。カントは自然の法則に従って動いている主体を「物」とし、意思と理性を持った主体を「人格」とした。こうした自然観においては、意思と理性を持たない「物」は明確に「人格」とは区別され、「家族」の中には含むことができない。そして明治以降はこうした家族観が西洋から輸入されたために、現代日本においてもそのような家族観が定着している。

　しかし日本においては古来より、針供養や人形供養のように「物」をまるで「人格」を持った対象のように扱うという文化があった。それは前述のAIBOの供養にも繋がる文化だろう。そこからもうかがえるように、やはり「人」と「物」とは明治以前の日本においては「人格」という形では必ずしも厳密に分かれておらず、明治以降に捉えられ方が変化していったのだろうと推測される。

　もちろん、西洋思想ではなく日本思想が正しいという単純な話ではない。しかしながらロボットやAIの存在によって「家族」の定義が揺らぐ中、「人」と「物」という二分法に基づいた形での家族観では、私達が日常生活において感じている「家族」という現象を説明するには限界がきているというのもまた事実だ。そうした限界がどこにあるのかを考えていく上で、日本においてどのように「家族」の概念が捉えられてきたか、あるいは「人」と「物」という関係性がどのように変遷してきたかを調査していくことが今後必要とされるだろう。

文献

東浩紀(2017)『ゲンロン0　観光客の哲学』ゲンロン

上野千鶴子(2011)「家族という神話　解体のあとで」『哲学』62号、11-34頁

西洋近代思想における「物」と「人」の二分法を越えるものとして、日本の伝統的な風習や歴史が本稿では注目されている。特に「家族」の形態を歴史・文化的に考察することが本稿では今後の課題として挙げられている。この方向性では、例えば家族人類学者のエマニュエル・トッド（特に彼の主著『世界の多様性』）は、世界各地の家族形態を分類することで、地域ごとの特性を明らかにしている。本稿は日本の文化史を考えるための切り口というだけでなく、そうした文化人類学の議論との接続も可能ではないかと思う。

近年のVRゴーグルの大衆化によってVRコンテンツというものはこれまでほど空想の産物というものでもなくなってきた。今後はApple GlassやGoogle Glassの発売によって人々はもっとネットに接続していく事になると予想されている。オンラインゲームやSNSでの『ネット婚』などの言葉もある中、人々の関係はどういうものに推移していくのかといった視点も面白いのではないかと思う。

┃ コラム㉔　やる気が出ない時どうするか

　研究に限ったことではありませんが、様々なことに「やる気が出ない」ことがありますよね。私もあります。私にとって、いまだに大きな問題です。まず疑うべき原因は「疲れすぎ」です。睡眠時間を削っていませんか？　疲れていたら一度休みましょう。やるべきことはいったん忘れて自分の好きなことをしたり、何もせずにのんびりしたりしてください。問題は、元気があるのにやる気が出ない時ですね。その「原因」を真剣に考え、対策を立てて実行してみましょう。たとえば、私の場合、読むべき本を読む気にならない時、「気分が上がらないせい」だと特定し、「お気に入りのカフェで気持ちよく本を読む」といった解決策をとります。自分のことをうまく把握できると、やる気もコントロールできそうですね。（岡本）

調査をする当事者?

—— 「ハーフ」コミュニティと立場性

ケイン樹里安 (昭和女子大学　人間社会学部　特命講師)

1. 「ハーフ」という呼称

　現代日本社会において、父母のどちらか一方が外国人である者は「ハーフ」といった呼称で呼ばれてきた。この呼称は、1970年代以降に主流化した呼称なのだが、差別的なニュアンスで用いられてきた問題含みの呼称でもある。そのため「ダブル」「ミックスルーツ」「外国に (も) つながる〇〇」といった新たな呼称が模索されてきた。

　とはいえ、「ハーフ」という言葉が「ハーフ」当事者によって全く使用されないかというと、そんなこともない。なぜなら、「ハーフ」という言葉を使うと周囲の人に即座に「わかってもらえる」ことも多く、SNS (Social Networking Service) 上で「ハーフ」であることを明かせばほかの当事者と相互交流を始めることも「できる」からだ。要するに「通りがよい」ために日常的に使われてきたのである。

　だからこそ、「ハーフという言葉を使ってはいけない」と誰かに言われた際に「いつから「ハーフ」は人種差別的な言葉になった?　ほんとびっくりだよね。世代差かなぁ」と戸惑うAさんのような当事者もいる (2019年10月18日、大阪市内の居酒屋、以下全てフィールドノートより転載)。

　ところで、Aさんに「ハーフという言葉を使ってはいけない」と (実際には英語で) 述べたのは台湾のルーツをもった男子生徒であった。一時期小学校で英会話講師をしていたAさんが「台湾ハーフの男の子」と呼ぶその生徒は、自らのことを「ミックス」と呼び、そのことにA

さんは大変驚いたという。なぜなら、Ａさんにとって「ミックス」と
いえば「動物の雑種」あるいは「前に働いていたペンキ屋で「それと
それをミックスしといてよ」といった時に使う言葉」だったからであ
る。Ａさんとその男子生徒は、いわば「ハーフ」当事者同士ともいえ
るが、「ハーフ」という呼称の使用の可否をめぐっては異なる立場にあ
るわけである（もし仮に筆者が「台湾ハーフ」とその男子生徒のことを書け
ば、本章を読んだ彼はきっと心外にちがいない）。

２．立場性

　本章にとって重要なことは、Ａさんの上記の言葉に「君（本章を書い
ている筆者）は僕のこの違和感わかってくれるだろう？」という言外の
ニュアンスが含まれていることだ。なぜなら、Ａさんの言葉は、Ａさ
んの戸惑いが察知できる関係性および社会的属性をもった筆者だから
こそ、発せられた言葉である可能性が高いからだ。
　実は、筆者は「ハーフ」当事者がオンラインとオフラインを行き来
しながら作り上げたコミュニティの参与観察を2012年から始めてお
り、現在は少し小さめな、ややクローズドなコミュニティに移行した
人々の調査をしており、Ａさんとはそのコミュニティのメンバー同士
なのだ。そして、30代の「アメリカ・ハーフ」のＡさんは「ミック
ス」の言葉のニュアンスについて、当時20代後半だった「アメリカ・
ハーフ」の筆者に語っていたのであった。つまり、同じコミュニティ
に参加している「アメリカ・ハーフ」の1人として筆者に同意を求め
つつ語りかけていたわけである。
　要するに、調査協力者の語りは、大なり小なり、調査者の立場性
(positionality) による影響を受けている可能性があるのだ。Ifを検討する
ことはできないが、Ａさんの発言は、筆者の社会的属性や筆者との関
係性が陰に陽に影響をおよぼしている可能性があるといえる。少なく
とも、もし筆者が「コミュニティに参加したばかりの自らを「台湾ミ
ックス」と名乗る20歳」であったならば、おそらくＡさんはほかの言
葉を選んだはずだ。

3．当事者が調査をすること

　参与観察やインタビューを重ねる中で、調査協力者の語りに「〜だよね」という言葉が時折あることに気が付くようになった。はじめは個々の発言に同意を求められているだけだと思っていたのだが、しばらくして、「同じ「ハーフ」だからわかるよね」というニュアンスが入っているのではないか、と気がついた。筆者はいつの間にか——あるいは最初から？——「調査をしている当事者」として調査協力者にインタビューを申し込み、調査協力者に「調査をしている当事者」向けの語りを聞いていたかもしれないのだ。

　一方で、「当事者だから」あるいは「調査者だから」といって「わかっているつもり」になっていたことに打ちのめされることもある。たとえば、筆者が参加していたオフ会（オフラインでの会合）を、筆者は「ハーフ」当事者が集いやすい場所だと思っていたのだが（ケイン 2017）、実は「ハーフ」の女性にとってはリスキーな状況でもあったことに気が付く出来事があった（ケイン 2018）。調査者であれ、「調査をしている当事者」であれ、自らの立場性に絡み取られているがために、フィールドや調査者や語りの機微に気づかないことが多々あるのである。

　だからこそ、調査をする者は常に自らの立場性について、倫理的な問題も含めて、絶えず問い直さねばならないのだ。それは「当事者ではないが、フィールドに赴き、調査協力者と向き合う調査者」も同じである。その検討のなかで「明らかにできたこと」を適切に書き記すこと。それが、あらゆる調査者に求められている。

文献

ケイン樹里安(2017)「「ハーフ」の技芸と社会的身体　SNSを介した「出会い」の場を事例に」『年報カルチュラル・スタディーズ』5、163-184頁

──(2018)「「ハーフ」のドラマトゥルギーのために　ソーシャルメディア、「労働」、ジェンダー秩序」大阪市立大学『市大社会学』15、20-38頁

調査者の立場性という問題は、インタビューだけでなく調査・研究一般に当てはまる問題でもある。アンケート調査であれば質問をどう設定するのか、雑誌分析であれば対象となる媒体ごとの傾向を考慮できているかどうか、といった問題とパラレルなもののように思われる。

「立場性」をめぐっては、社会学でいえば、M・ウェーバーの『社会科学と社会政策における認識の「客観性」』やP・ブルデューの『リフレクシヴ・ソシオロジーへの招待』などの著作でも論じられている。こうした理論を参照することで、さらに普遍性の高い考察になるだろう。

┃コラム㉕　クレーマーではなくクリエイターになろう

　何か「思っていたのと違うこと」が起こった時、環境や他者に原因を求めて文句を言うばかりの「クレーマー」になるか、自分でできることに力を注いで良い状態を創り上げる「クリエイター」になるか、私は皆さんに後者になってほしいと思っています。もちろん自分ではどうにもできないことは誰かにお願いせねばなりません。その時も、相手の気分を悪くしたり相手を傷つけたりしてはうまくいきません。論文やレポートを書く、研究をする、生活を送る、物事はすべてが常にスムーズに進むとは限りません。イライラしたり、悲しい気持ちになったりした時は、一瞬立ち止まって「どうすれば前向きに解決できるのか」考えてみてください。ここまで本書を読んできた皆さんには、その力がすでにあるはずです。（岡本）

おわりに ——本書の使い方

　本書は「これを読むだけで完璧なレポートを書ける！」という本ではありません。そんな甘い話はないのです。『ゆるレポ』だというのに、ここはゆるくなくてすみません。ここまでは皆さんが執筆の「スタートライン」につけるよう解説してきました。ここからは、皆さんが自分の手で創意工夫しながら、論文やレポートを書きあげるしかありません。

　まずは、とりあえず何か自分で研究して、形にしてみましょう。どこか一つのパートだけでも構いません。千里の道は一歩から。最初から完璧にできるなら、それ以上学ぶ必要はありません。いきなりすごいものが仕上がらなくても良いのです。ただ、まずは始めないと、いつまでも出来上がりません。

　形にできたら、自分でも読み直すとともに、誰かに読んでもらって感想をもらいましょう。それをふまえて、さらに改稿したり、研究を進めたりしていきましょう。そうしているうちに、どんどん自分の作品の強度があがっていきますし、自分でも驚くような分量の文章が書けるようになっていきます。

　こうして書き上げられたレポートは、ぜひ保存しておきましょう。「単位がとれたら消してしまう」というのは大変もったいないことです。実は、就職活動でも「大学では何を学んでいますか」と聞かれます。皆さん、どうでしょう？　自信を持って語れますか？　そんな時、これまでに執筆したレポートをしっかり残しておけば、自分が研究してきたことを正確に、詳細に話すことができます。レポートを印刷してファイルに入れ「ポートフォリオ」として活用してもよいでしょう。あなたが学んだ内容や成長の記録が蓄積され、可視化されていきます。

　本書は、その制作過程に、学部生から大学教員まで様々な立場の人々がかかわっています。編者は岡本健、松井広志、松本健太郎が務めま

した。そして、以下の皆さんに、各プロセスでお手伝いいただきました。

　日向柚香、大道晴香、藤本澪、嶋川奈々香、長谷川紗彩、関根麻里恵、松本美優、秦美香子、ボトス・ブノワ、谷川嘉浩、菊竹梨沙、塚本顕成、岩田遥樹、吉村真衣、今西雅、野村駿、妹尾麻美、高橋志行、ビョーン＝オーレ・カム、湊川真以、山村玲央、今井慧仁、楢山麗、金子亮太、山中智省、真鍋公希、藤本理沙、中村徳仁、高野保男、前千尋、林玲穂、飯田豊、墻幸枝、村田麻里子、藤嶋陽子、菊地映輝、吉村雄太、ケイン樹里安、池本和歌子、谷鞠奈（敬称略）

　企画、タイトル、原稿執筆、研究会（京都大学、愛知淑徳大学、二松学舎大学にて実施）、原稿整理、レイアウトの決定など、全行程で、意見をいただいたり、お手伝いいただいたりしました。本書が成立したのは皆さんのお力添えがあってのことです。ここに感謝申し上げます。
　たとえば、章の順番についても学部生の意見を取り入れています。実は、私自身は違う配列を考えていたのですが、学生が考えてくれた並びがとても面白かったのです。どういう意図で並んでいるのか、是非読者の皆さんも解読してみてください。
　さらに、「こういう順番の方がいいんじゃないか」「加えてこういう原稿があった方が良い本になるな」など「この本の先」を構想してみると、書き手としての目線を超えて、さらにメタ的な「編集」の視点が得られます。『ゆるレポ』は何度も楽しめる本になっていると思います。是非使い倒してくださいね。
　最後になりましたが、人文書院の松岡隆浩さん。「学生自身が書いたものが入っていてほしい、そして、学生自身が「手に取りたい」と思うような本を作りたい」というざっくりした話に丁寧に耳を傾け、完成に導いてくださり、本当に有難うございました。

編者代表　岡本健

本書の各所にあるコラムタイトル一覧

編者略歴

岡本健 (おかもと　たけし)

近畿大学総合社会学部准教授。1983年生。北海道大学大学院国
際広報メディア・観光学院博士後期課程修了。博士(観光学)。『ゾン
ビ学』(人文書院)、『アニメ聖地巡礼の観光社会学』(法律文化社)、
『大学で学ぶゾンビ学』(扶桑社新書)、『コンテンツツーリズム研究』
(編著、福村出版)、『ポスト情報メディア論』(共編、ナカニシヤ出版)、
『メディア・コンテンツ・スタディーズ』(共編、ナカニシヤ出版)など。

松井広志 (まつい　ひろし)

愛知淑徳大学創造表現学部准教授。1983年生。大阪市立大学大
学院文学研究科後期博士課程単位取得退学。博士(文学)。『模型
のメディア論』(青弓社)、『ソーシャルメディア・スタディーズ』(共編、北
樹出版)、『多元化するゲーム文化と社会』(共編、ニューゲームズオー
ダー)、『楽しみの技法』(共編、ナカニシヤ出版)。

松本健太郎 (まつもと　けんたろう)

二松学舎大学都市文化デザイン学科教授。1974年生。京都大学
大学院人間・環境学研究科博士課程修了。博士(人間・環境学)。
『ロラン・バルトにとって写真とは何か』(ナカニシヤ出版)、『デジタル
記号論』(新曜社)、『幽霊の歴史文化学』(共編、思文閣出版)、『メ
ディアコミュニケーション学講義』(共著、ナカニシヤ出版)など。

ゆるレポ

――卒論・レポートに役立つ「現代社会」と
　「メディア・コンテンツ」に関する40の研究

2021 年 11 月 20 日　初版第 1 刷印刷
2021 年 11 月 30 日　初版第 1 刷発行

編　者	岡本健・松井広志・松本健太郎
発行者	渡辺博史
発行所	人文書院

〒 612-8447　京都市伏見区竹田西内畑町 9
電話 075-603-1344　振替 01000-8-1103

組版・装丁	中島佳那子
印刷所	創栄図書印刷株式会社

落丁・乱丁本は小社送料負担にてお取り替えいたします。
© T.OKAMOTO/H.MATSUI/K.MATSUMOTO, 2021
ISBN 978-4-409-24140-0 C0036

JCOPY 〈出版者著作権管理機構委託出版物〉
本書（誌）の無断複製は著作権法上での例外を除き禁じられています。複製される
場合は、そのつど事前に、出版者著作権管理機構（電話03-5244-5088、FAX
03-5244-5089、e-mail: info@jcopy.or.jp）の許諾を得てください。